读好书系列

彩色插图版

光玉◎主编

青少年
QINGSHAONIAN
LIYI LIJIE ZHISHI BAODIAN

礼仪礼节知识宝典

U0611970

吉林出版集团股份有限公司

图书在版编目（CIP）数据

青少年礼仪礼节知识宝典／光玉主编 . —长春：
吉林出版集团股份有限公司，2011.4
（读好书系列）
ISBN 978-7-5463-4280-1

Ⅰ. ①青… Ⅱ. ①光… Ⅲ. ①礼仪—青少年读物
Ⅳ. ①K891. 26-49

中国版本图书馆 CIP 数据核字（2010）第 240956 号

青少年礼仪礼节知识宝典
QING SHAONIAN LIYI LIJIE ZHISHI BAODIAN

主　　编　光　玉
出 版 人　吴　强
责任编辑　朱子玉　杨　帆
开　　本　710mm×1000mm　1/16
字　　数　290 千字
印　　张　10
印　　数　10001—12000 册
版　　次　2011 年 4 月第 1 版
印　　次　2022 年 5 月第 3 次印刷

出　　版　吉林出版集团股份有限公司
发　　行　吉林音像出版社有限责任公司
地　　址　长春市南关区福祉大路 5788 号
　　　　　邮编：130022
电　　话　总编办：0431-81629680
　　　　　发行科：0431-81629667
印　　刷　河北炳烁印刷有限公司

ISBN 978-7-5463-4280-1　　定价：34.50 元

版权所有　侵权必究

FORE WORD
前言

　　荀子曾经说过："人无礼则不生，事无礼则不成，国无礼则不宁。"真可谓：有"礼"走遍天下，无"礼"寸步难行！

　　文明礼仪是我们中华民族的传统美德，也是社会主义精神文明的重要组成部分和学校德育工作的主要内容之一，又是一个国家、一个民族道德风貌和文明程度的反映。

　　良好的礼仪习惯是一种资本，可以转化为一个人内在的性格、情操，将影响一个人一生的发展。得体的言谈举止是每一个向往成功的青少年必修的一门课，也是自尊与尊重他人的表现。

　　随着社会文明程度的进步和发展，人们的交往日益频繁，礼仪作为联系沟通交往的纽带和桥梁显得更加重要。

　　本书是一本为青少年量身定做的礼仪读本，全面介绍了各种现代礼仪规范，如举止礼仪、社交礼仪、交往礼仪、特殊场合的礼仪、送花礼仪、馈赠的礼仪、在学校的礼仪、就餐礼仪、外出礼仪等，以及在各种场合交往的实用技巧，并导引出详细周到的礼仪要点，针对性强，极具实用性。

　　本书在介绍礼仪要点的同时，还进行了相关的知识链接，并穿插大量古今中外的礼仪故事，让青少年更清晰地了解各种礼仪知识，并加深理解和记忆。文中配有精美的图片，让抽象的文字更生动。青少年读者可以在寓教于乐的阅读过程中轻松掌握、轻松实践。

　　前进的社会呼唤文明，科学的未来呼唤文明。

　　只有知礼、守礼、讲礼，才能立足于社会，才能与他人得体交流、得体互动，才能拥有一个美好的未来。

目　录
MULU

举止礼仪

PART 1

讲礼貌不会失去什么，却能得到一切。
——玛·沃·蒙塔古

站姿的礼仪

亲爱的青少年朋友，当我们走在大街上时，只要稍稍留心就会发现人们的站姿各异，有的优美，有的怪异，有的随意，有的拘谨，但很少有真正得体的站姿。

作为青少年，尤其应该注意自己的站姿。良好的站姿，不仅有利于自己的身体健康和发育，同时也能表现出良好的精神风貌和对别人的尊敬，给人留下良好的印象。

● 当你站立时

◆ 注意身体重心

当你站立时，正确的站姿应是这样：身体挺直，从正面看，重心线应在两腿中间向上穿过脊柱及头部，要防止重心偏离，用两个前脚掌承重。

◆ 表情要自然

表情要自然，勿做作，眼睛要平视，挺胸、收腹，双臂自然下垂或置于腹部，不可抱在胸前。

▲ 看看我们的站姿

● 站立的两种方法

◆ 双脚呈"V"字形，膝部和脚后跟要靠紧，两脚张开的距离约为两拳。

◆ 还可采用双脚并拢或是把重心放在一只脚上，另一只脚超过前脚斜立而略弯曲，这种站姿最显优美自然。

以上两种站法上身都要保持挺直，下巴稍往内收，肩膀要平，腹部收紧，臀部不能翘起。避免"一站三道弯"——低头、含胸、曲腿，切忌身体摇晃、左顾右盼、吊儿郎当。

● 向长辈、老师、同学问候或做介绍时

向长辈、老师、同学问候或做介绍时，不论握手或鞠躬双足都应并立，相距10厘米左右，膝盖要挺直。

● 男孩站立时

男孩要站得挺拔，双脚应与肩同宽，身体要直，一只脚可向后撤半步，但不可把脚向前后或左右伸得太多或叉开很大。

● 女孩站立时

作为一个女孩，当你站立时应该自然放松，身体直立，双腿并拢，只有这样才能体现出女孩的曲线美，就像文学作品中形容的那样：亭亭玉立、婀娜多姿。

如果你在站立的时候驼着背、垂着头，那么你的身高看起来要比实际高度矮很多，而且也失去了青春朝气。

当你会见客人或出席各种仪式，有站立的场合时，或者是站在长辈及上级面前时，你若把手交叉抱在胸前则是一种傲慢的表现；或把手放在背后也显得不雅；若是两手叉腰

▶ 女孩优美的站姿

那就更不好了。

假如一位女孩与异性站在一起时，身体左摇右晃，给人的感觉将是轻浮、不大方；若是你把身子倚靠在墙上，也许会给人留下萎靡不振的印象。

只有正确的站姿，才能给人留下美好的印象。

你知道不同场合的站姿吗？

在日常生活的某些场合中，常常有人站着时手足无措，双手不知放在何处才好。其实，站姿可以随着场合进行调整。

（一）在正式场合可采用的站姿

①肃立：身体直立，双臂置于身体两侧，双腿自然并拢，脚跟靠紧，脚掌分开呈"V"字形。

②直立：身体直立，双臂下垂置于腹部。女性将右手搭握在左手四指，四指前后不要露出，两脚可平行靠紧，也可前后略微错开；男性左手握住右手腕，贴住臂部，两脚平行站立，略窄于肩宽。直立的站法比肃立显得亲切随和些。

（二）在非正式场合可采用的站姿

①车上的站姿：在晃动的车（或其他交通工具）上，可将双脚略分开，以求保持平衡，但开合度不要超过肩宽；重心放在全脚掌，膝部不要弯曲，稍向后挺；即使低头看书，也不要弯腰驼背。

②等人或与人交谈时的站姿：这时可采取一种比较轻松的姿势。脚或前后交叉，或左右开立，肩、臂不要用力，尽量放松，可自由摆放，头部要自然直视前方，使脊背能够挺直。采用此姿势，重心不要频繁转移，否则给人不安稳的感觉。

③接待员式站姿：腿型呈"O"形的人，即使脚后跟靠在一起，膝部也无法合拢，因此可采用此种站姿。将右脚跟靠于左脚中部，使膝部重叠，这样可以使腿看起来较为修长。手臂可采用前搭或后搭的摆法。拍照或短时间站立谈话时，都可采用此种站姿。

总之，站的姿势应该是自然、轻松、优美的，不论站立时采用何种姿势，只有脚的姿势、角度及手的位置在变，而身体一定要保持绝对的挺直。

坐姿的礼仪

　　得体的坐姿是一种静态美，对于青少年来说是极其重要的，尤其作为学生，身体正处于发育阶段，如果不养成一种正确的坐姿就会给身体带来不良的后果。

● 正确的入座方法

　　入座时动作要轻盈、和缓、从容自如。从椅子的左边入座是入座时的一种礼貌。落座后，臀部至少要坐满椅子的 2／3。

◆ 上身

　　落座后要保持上身正直，头平正，不可歪斜肩膀，含胸驼背。正式场合是不可以将头向后仰靠的。

◆ 两腿

　　两腿间距和肩宽大致相等，两脚自然着地。要移动椅子时，应站起来先把椅子移到应放的地方，轻拿轻放，然后再坐。

◀ 正确的坐姿不仅令我们的仪态更加优美，也对我们的身体发育大有裨益

◆ 手臂

就座后两臂可弯曲放于桌上或椅子扶手上，也可搁在双膝上。不能将两手叉腰，不能将两臂交叉在胸前或摊开在桌上。

你知道如何坐在沙发或椅子上才能显出你的优雅吗？

亲爱的朋友，当你去同学家或朋友家做客时，你知道该如何坐在沙发或椅子上才显得大方得体吗？

当你入座时，你的两腿应当自然弯曲、并拢，两脚平列或前后稍稍分开。双手轻轻放在沙发扶手上或双手相交放在大腿上。

如果遇到低沙发时，走到沙发前，转身轻轻坐下，臀部的后面距沙发靠背约7厘米，背部靠沙发背。如果膝盖高出腰部，应当把双腿并拢，让膝盖相互靠紧，使膝盖偏向你前面的对话者，偏的角度要视沙发的高低而定，但以大腿和上半身构成直角为佳。

如果椅子较高，双腿和身体构成的角度在90度以上时，可以跷起大腿而坐。其跷法是将左腿微向右倾，右大腿放在左大腿上，两小腿相靠，双腿平行，脚尖朝向地面，切忌右脚尖朝天，那样是很不雅的。若椅子不太高，大腿和身体构成的角度小于90度，可以交小腿而坐。其坐法是两膝盖并拢，互相靠紧，右小腿向前，左脚尖靠右脚跟外线。如椅子不高不低，你可以用曲线型的坐法。其坐法是双膝并拢，两腿尽量向后左方，让大腿和你的上半身构成90度以上的角度，再把右脚从左脚外面伸出，使两腿的外线相靠，这样你的身体便成为一个"S"，显得气质高雅。

行姿的礼仪

人的一生离不开行走，行走不仅是一种简单而有效的健身方式，更可以体现一个人的内在美。对行姿的要求虽不一定非要做到古人所要求的"行如风"，但至少也要做到不慌不忙，稳重大方。

● 给男孩的建议

男孩子走路应表现出矫健稳重的阳刚之美。其走路姿势应昂首、闭口、两眼平视前方，挺胸、收腹、直腰，上身不动、两肩不摇，步态稳健，双脚交替迈出，基本上踩出一条直线。

● 给女孩的建议

女孩则应表现出轻盈优美的娴雅之美。因此，走路时应头部端正，不宜抬得过高；目光平和，直视前方；上身自然挺直，收腹，两手前后摆动幅度要小；两腿尽量用力向上伸直舒展（使自己的下肢显得修长，有挺拔感），穿裙子时最好走成一条直线，走路要小步，步态要自如、匀称、轻柔。

什么是步态？

青少年走路时应该充满活力和朝气，要想彰显出自己充沛的活力和朝气，就要在走路时掌握好自己的"步态"。

什么是步态呢？

步态分为两个部分：一个是步位，另一个是步度。

所谓"步位"是指脚踏在地上以后应当落在什么地方。我们走路时，两脚交替前行，踩出的基本上是一条线，而不是两条平行线，如果踩两条线走路，走路的姿势就会显得僵硬，走成一般人所谓的"鸭行鹅步"。

"步度"就是指每走一步两脚间的距离。一般的步度标准是一脚踩出落地后脚跟与未踩出的那只脚的脚尖距离恰好等于你的脚长。

东施效颦

春秋时代，越国有一美女，名叫西施。她的美貌可谓是倾国倾城，不仅有沉鱼落雁之容、闭月羞花之貌，就是日常的举手投足都是非常美的。西施略施淡妆，衣着朴素，走到哪里，哪里就有很多人向她行"注目礼"，没有人不惊叹她的美貌。

然而，西施患有心口疼的毛病。有一天，她在发病时手捂胸口、双眉紧皱，流露出一种娇媚柔弱的女性美。当她从乡间走过的时候，人们看到她忍受病痛的娇弱神态，怜爱之情油然而生。

乡下有一丑女子，名叫东施，不仅相貌难看，而且举止粗俗，没有修养。她平时动作粗俗，说话大声大气，却整天做着当美女的梦。今天穿这样的衣服，明天梳那样的发式，但仍然没有一个人说她漂亮。

这一天，她看到西施捂着胸口、皱着双眉的样子竟博得这么多人的青睐，因此回去以后，也学着西施的样子，手捂胸口、紧皱眉头，在村里走来走去。

哪知东施的矫揉造作使她原本就很丑陋的样子更难看了。结果，乡间的富人看见东施的怪模样，马上把门紧紧关上；乡间的穷人看见东施走过来，马上携妻带子远远地躲开。人们见了这个怪模怪样、模仿西施心口疼、在村里走来走去的丑女人简直像见了瘟神一般。

东施只知道西施皱眉时的样子很美，却不知她为何很美，而去简单模仿她的样子，结果反而成了人们讥笑的对象。

▶西施故里风景区中国历代名媛馆内的西施蜡像

手势的礼仪

在我们的日常生活中，经常会用手势来表达自己所要表达的意思。我们都知道，不同的手势表达着不同的含意。那么，我们在运用手势的时候要注意些什么呢？

区域性差异

手势是人类最早的沟通方式，它在人类没有语言之前就已经存在了。但说起手势，在不同国家、不同地区、不同民族之间，由于文化习俗的不同，手势的含意也有很大差别，甚至同一手势表达的含意也不相同。所以，手势的运用只有合乎规范，才不至于引起误会。

比如：掌心向下的招手动作，在中国主要是招呼别人过来，在美国是叫狗过来。竖起大拇指，一般都表示顺利或夸奖别人，但也有很多例外。在美国和欧洲部分地区，表示要搭车；在德国表示数字"1"；在日本表示"5"；与别人谈话时将拇指翘起来反向指向第三者，即以拇指指腹的反面指向除交谈对象外的另一人，则是对第三者的嘲讽。

手势宜少不宜多

当你与别人交谈的时候，千万不要用过多的手势来表达你的意思，否则会给人留下装腔作势、缺乏涵养的感觉。

挥手致意

在我们的生活中，常常用挥手的方式向别人表示自己的问候、致敬、感谢。当你看见熟悉的人而又无暇分身的时候，就举手致意，可以立即消除对方的被冷落感。挥手时要掌心向外，面对对方，指尖朝上，而且千万不要忘记伸开手掌。

避免出现的手势

在交际应酬时，有些手势会令人反感，严重影响形象，比如当众搔头皮、掏耳朵、抠鼻子、咬指甲、手指在桌上乱写乱画等。

不要双手抱头或摆弄手指

在日常生活中，许多人喜欢用单手或双手抱在脑后，这一体态的本意是放松，但如果在其他人面前也这么做的话，就会给人一种目中无人和缺乏教养的感觉。

另外，还有一些人喜欢在闲暇之时反复摆弄自己的手指，要么活动关节，要么捻响，要么攥着拳头，或是手指动来动去，往往会给人一种无聊的感觉，让人难以接受。

礼仪故事

丘吉尔与"V"字形手势

大家都知道将食指和中指竖起分开而形成"V"字形手势，是代表成功和胜利的意思，也是当今全世界表示胜利的流行手势。

但是，你知道吗？这个手势是英国首相丘吉尔一怒之下发明的。

二战期间，有一次丘吉尔在地下掩体内举行记者招待会，突然上面警报声大作，丘吉尔闻声举起右手，将食指和中指同时按住作战地图上的两个德国城市，大声地对与会者说："请相信，我们会反击的！"

这时，在场的一名记者发问道："首相先生，您有把握吗？"

丘吉尔转过身，目光锐利地望着记者，立即将按在地图上的两指指向天花板，情绪激动地大声回答说："一定胜利！"

丘吉尔这一镇定威严的神态举止被记者拍了下来，登在了第二天出版的报纸上。

从此，这一著名的手势便在英国城乡广泛流行开来，并很快在全世界得到了普及。

微笑的礼仪

　　微笑是心情在面部或身体姿态上的表现。微笑可以展现出温馨、亲切的态度，能拉近人与人之间的距离，给对方留下美好的印象，从而形成融洽的交往氛围，也可以反映出微笑者自身的修养及待人的真诚。

◉ 当你结识新朋友时

　　微笑是人与人之间沟通的法宝，当你与新结识的朋友见面时，一定别忘了把你的微笑呈现在自己的脸上，这样会使你们在一种温馨的气氛中进行交谈。

◉ 当你想化解矛盾时

　　在日常的生活和学习中，难免与同学或其他人发生一些矛盾，当你想化解你们之间的矛盾时，最有效的方法就是向对方送去善意的微笑，因为微笑是化解矛盾的润滑剂。

◉ 在不方便上前打招呼时

　　当你看见熟悉的人而又不方便上前打招呼，此时你可以用一个真诚的微笑向对方表示歉意。

▶ 甜美的微笑最令人心旷神怡

怎样学会微笑？

▲微笑是沟通最好的手段

微笑是有效沟通的法宝，是人际关系的磁石。没有亲和力的微笑，无疑是重大的遗憾，甚至会给自己的生活和学习带来不便。

那么，亲爱的朋友，我们怎样才能学会微笑呢？

一是放松面部肌肉，然后使嘴角微微向上翘起，让嘴唇略呈弧形。在不牵动鼻子、不发出笑声、不露出牙齿，尤其是不露出牙龈的前提下，轻轻一笑。

二是闭上眼睛，调动感情，并发挥想象力，或回忆美好的过去，或展望美好的未来，使微笑源自内心，有感而发。

三是对着镜子练习，使眉、眼、面部肌肉、口形在微笑时和谐统一。

四是按照要求当众练习，使微笑规范、自然、大方，克服羞涩和胆怯的心理。也可以请身边的朋友评议后再对自己的不足进行纠正。

社交礼仪

礼貌建立在双重基础上：既要表现出对别人的尊重，
又不能把自己的意见强加于人。

——霍夫曼·斯塔尔

使用电话的礼仪

　　电话作为现代社会的一种通信工具，在我们的日常生活中起着十分重要的作用。人们在享用电话所带来的便捷的同时，烦恼也随之而来：香甜的美梦被铃声打断、繁忙的工作被电话打扰……电话是把双刃剑，运用得体会帮助你成功；运用不当，它将成为你通往成功之路的绊脚石。因此，充分掌握电话礼仪，对于青少年来说是一件对自身修养极其重要的事情。

　　在电话中交谈是生活中极其普遍的事，但要注意的是：通话内容应以双方共同感兴趣、需要商量的事为主，对别人不愿谈及的事或容易引起悲痛、伤心的事，应尽量回避，如不得已而提及时话语应婉转含蓄；交谈中要避免提及对方的生理缺陷，这是极其需要注意的一点；在交谈中，如果无意涉及的某些话题刺伤了对方，应立即道歉请求原谅，这是交谈中应有的风度。

您好，这里是大大小小公司，请问您找哪一位？

◉ 拨打电话的礼仪

◆ 选择适当的时间

　　打电话要选择合适的时间，换句话来讲就是不打扰人家休息。睡觉、吃饭、节假日时最好不要打电话；晚上 10 点之后、早上 7 点之前，除非万不得已，否则不要打电话，如果有急事一定要打，要先向人表示歉意；在拨打国际电话时，要注意时差问题。

◆ 选择适当的地点

　　打电话要注意地点。什么意思呢？一般来讲，私人电话就在家里打，办公电话就在办公室打。还有一点要注意，在公共空间打电话实际上是一种噪声骚扰，所以请尽量避免在公共空间打电话。

◆ 要注意通话的长度

在拿起听筒前，先应明确通话后该说什么，如果内容过多，可以先打个腹稿；通话时间宜短不宜长。电话礼仪有一个规则，叫作"电话三分钟原则"。什么意思呢？就是通话时间应尽量控制在三分钟之内，要长话短说，废话不说，没话别说。

◆ 自我介绍

打电话最重要的一点就是自我介绍，当接通电话后确认自己接通的电话号准确无误时，应立即简要报出自己的姓名及身份。要么报电话号码，要么报所在部门名称，要么报姓名，或者合报，千万不要让人家猜。当然，也许让别人猜有时是为了浪漫，给对方一个惊喜，但当对方猜不出来的时候，带给对方的更多的会是尴尬，而且也浪费时间。

▲ "阿姨您好，我叫丽丽，我找我妈妈，她叫黛安娜。"

◆ 结束通话

这里有两点要注意：第一，通过重复要点暗示对方终止通话；第二，如果对方是地位高者（长辈、上级等）由对方结束通话，如果地位平等则一般是谁主动打电话谁就先挂断，如果有事求人则是被求的人先挂。

◆ 不要恶意拨打应急电话

110、119、120 等应急电话关系到人们的生命和财产安全，因此不要恶意拨打。

◆ 不要频繁地拨打电话骚扰他人

打电话要有目的性，或公事或私事，但如果什么事也没有只是闲来无聊，就不要给别人打电话，因为你有时间的时候别人未必有。

◆ 当自己拨错号码时

当确认自己拨错电话号码时，一定要向对方表示歉意。

接听电话的礼仪

◆ 接电话的时间

听到电话铃声响起，应准确、迅速地拿起听筒，最好在电话铃声响起 3 声之内接听，不要让铃响超过 5 声。一般电话铃声响一声后大约 3 秒钟接起较为礼貌，若让对方久等是非常不礼貌的。

◆ 自我介绍

接电话时的自我介绍也非常重要。我们有时会遇到这样的事，你把电话拨错了，接电话的人也不说，还问你什么事，你跟他说了一遍，他最后告诉你，打错了，这既令人恼火又浪费时间。所以，一个有素养的人接听电话时 3 句话是不能少的：你好、自我介绍、再见。自我介绍的方式跟前述打电话时是一样的。

◆ 结束对话的技巧

在接听电话的过程中，应当尽量让对方结束对话，如的确需要自己来结束时，应及时解释、致歉。

◆ 不要随便叫别人接听电话

不随便叫别人代接电话，这也是对通话对象的一种尊重。

◆ 当遇到拨错号码时

如果对方拨错了号码，我们怎么办呢？首先，我们要说：您好，您的电话拨错了；其次，我们要重复一下自己的电话，使对方得以验证；最后，我们要问他（她）是否需要帮助，如果他（她）找的人我们认识，可以帮他（她）把电话转过去，或是把正确的号码告诉他（她）。

◆ 当遇到骚扰电话时

遇到骚扰电话时，你可以直接挂掉电话。如果对方连续打来，你可以记下号码，然后向公安机关报案。

电话用语

进行电话沟通时，应当语音清晰、语意明确、语气谦和。另外，还要注意自己的语速。语速太快时，会让对方感到不安和焦躁，从而影响电话的沟通效果。当然，如果对方语速太快，而让自己感到烦躁时，也可以礼貌地提醒对方："请您不要着急，可以讲慢一些吗?"

在电话中交谈时，一定要坚持文明用语，最好使用敬语，杜绝出现禁语。

◆ 常用电话礼貌用语

在电话中，注意礼貌用语的使用，例如："请问怎么称呼您?""不好意思，可否麻烦您再重复一次?""不好意思，可否请您大声些?""谢谢您""有件事情想麻烦您一下""拜托了""随时欢迎您打电话给我""不好意思，让您久等了""请问……""不好意思，再占用您一点儿时间……""不好意思，××刚好在接电话，我会尽快转告他（她），让他（她）回复您，请问怎么与您联系?""请问您需要留言吗，我可以转告他（她）。""好，谢谢您的来电。请问还有什么需要我帮忙的吗?"……

◆ 常见的电话禁语

在电话中，避免使用电话禁语，例如："你是哪儿的?""你找谁?""你有什么事?""喂，说话呀，你是哪里?""急什么，等着，我记下来。""你叫什么?""再说一遍，慢点说。""听不清，大声点。"……

当需要用英文电话交谈时

有时候，我们不可避免地要用英语与对方交流，如果你的英语水平一流，那自不必说，只要依照上述的注意事项进行沟通就可以了。如果你的英文还不够好，也不必怕，下面是一些常用的英语电话用语，相信可以给你提供一些方便。

（一）接电话的人就是打电话的人要找的人

打电话者：××在吗?　(Is ×× there?)

接电话者：我就是。（Speaking. /This is she./ This is he./ That's me.）

　　　　　我就是××。（This is ××./ This is ×× speaking.）

　　　　　你正在跟她（他）说话。（You're speaking/talking to her./ You're speaking/talking to him.）

（二）打电话的人要找的人不在

打电话者：请问××在吗?　（May I speak to ××?）

接电话者：他（她）现在不在这里。（He's/ She's not here right now.）

　　　　　他（她）出去了。（He's/ She's out.）

　　　　　他（她）现在正在开会。（He's/ She's in a meeting right now.）

　　　　　你刚好错过他（她）了。（You've just missed him/her.）

　　　　　他（她）刚好出去了。（He's/ She's just stepped.）

（三）打电话的人要找的人不在，问对方是否要留言

打电话者：我可以跟××讲话吗?）（Can I talk to ××?）

接电话者：他（她）出去吃午饭了，您要留言吗？（He's/ She's out on his/her lunch break right now. Would you like to leave a message?）

他（她）不在，我可以帮您转达吗？（He's/ She's not available right now. Can I take a message?）

（四）打电话的人问要找的人何时回来

打电话者：你知道他（她）什么时候会回来吗？（Do you know when he/ she will be back?）

接电话者：抱歉，我不知道。（I'm sorry. I don't know.）

我不知道。（I have no idea.）

二十分钟内他（她）应该会回来。（He/ She should be back in 20 minutes.）

（五）打电话的人问要找的人在哪里

打电话者：你知道他（她）在哪里吗？（Do you have any idea where he /she is?）

接电话者：抱歉，我不知道。（Sorry, I don't know.）

他（她）现在在上班。你要不要他（她）的电话号码？（He's/ She's at work right now. Do you want his/her phone number?）

（六）打电话的人要找的人不在，愿意接受对方的留言

打电话者：我可以留个话吗？（Can I leave a message?）

接电话者：可以，请继续。（Yes, go ahead, please. ）

当然，稍等一下，让我拿个纸笔。（Of course, hold on for just a second so I can grab a pen and paper.）

当然，请您稍等一下，让我找张纸记下来。（Sure, if you can excuse me for just a second, let me find a piece of paper to write it down.）

（七）接受对方留言时听不清楚，希望对方重复

打电话者：他（她）回来后，能不能让他（她）打 123456789 这个号码给我？（When he/she comes back, can you have him/her call me at 123456789?）

接电话者：能不能请你再重复一次？（Can you repeat again, please?）

再说一次好吗？（Say/ Again, please?）

抱歉。请再说一次。（Pardon?）

抱歉。再说一次好吗？（I'm sorry. Come again, please?）

（八）对方希望留言，怕听错了，不想接受对方的留言

打电话者：我能否留个话？（May I leave a message?）

接电话者：对不起，我的英文比较差，我不想听错话。你介意稍后再打来吗？我很抱歉。（Sorry, My English is poor, and I don't want to miss anything. Would you mind calling back later? I'm sorry. ）

如果你不介意的话，能否请你再打一次，然后在录音机上留言？我的英文不是很好。（If you don't mind, could you please call back and leave a message on the answering machine? My English is not very good.）

（九）打电话的人要找的人是别人，请对方稍等

打电话者：××在吗？（Is × × there?）

接电话者：他/她在。请稍等。（Yes, he/she is. One moment, please. ）

请稍等。（Hold, please./Hold on, please.）

我看看他/她在不在。等一下。（Let me see if he's /she's here.Hang on. ）

（十）对方打错电话

打电话者：我可以和××说话吗？（Can I speak to × ×?）

接电话者：××？抱歉，这里没这个人。（× ×? I'm sorry, but there's nobody here by this name. ）

抱歉，恐怕你打错电话了。（I'm sorry, I'm afraid you've got the wrong number.）

你要打的电话号码是什么？（What number did you dial?）

（十一）向对方要求和刚刚已经通过话的人再讲话

打电话者：你能否请××再来听电话呢？我忘了跟他/她讲一件事。（Can you put × × back on? I forgot to tell him/her something. ）

接电话者：当然。我这就去叫他（她）。（Sure. I'll go get him/her.）

礼仪故事

贝尔发明电话

贝尔于1876年取得了电话的发明专利。当时美国费城举行了一次盛大的博览会，会上展出了当时世界上最新发明的产品。

有一天，巴西国王莅临参观。国王兴致勃勃地观赏着一只小巧的盒子和听筒，年轻的发明家贝尔跑过来，请国王把听筒放到耳边，而自己在远处讲话，国王听到贝尔的声音大为震惊，高声地说："我的上帝，它竟然说话了！"贝尔告诉国王，这是 telephone——电话。从此，电话和贝尔的名字名扬四海。

那贝尔是如何发明电话的呢？

发明电话

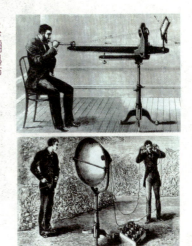

贝尔年轻时跟父亲从事聋哑人的教学工作，曾想制造一种让聋哑人用眼睛看到声音的机器。1873 年，成为美国波士顿大学教授的贝尔，开始研究在同一线路上传送许多电报的装置——多工电报，并萌发了利用电流把人的说话声传向远方的念头，使远隔千山万水的人能通过电流如同面对面地交谈。于是，贝尔开始了电话的研究。

1875 年 6 月 2 日，贝尔和他的助手华生分别在两个房间里试验多工电报机，一个偶然发生的事故启发了贝尔。

华生房间里的电报机上有一个弹簧粘到磁铁上了，华生拉开弹簧时，弹簧发生了振动。与此同时，贝尔惊奇地发现自己房间里电报机上的弹簧颤动起来，还发出了声音，是电流把振动从一个房间传到了另一个房间。

贝尔的思路顿时大开，他由此想道：如果人对着一块铁片说话，声音将引起铁片振动；如果在铁片后面放上一块电磁铁的话，铁片的振动势必在电磁铁线圈中产生时大时小的电流，这个波动电流沿电线传向远处，远处的类似装置就会发生同样的振动，发出同样的声音，这样声音就沿电线传到远方去了。这不就是梦寐以求的电话吗？

贝尔和华生按新的设想制成了电话机。

在一次实验中，一滴硫酸溅到贝尔的腿上，疼得他直叫："华生先生，我需要你，请到我这里来！"

这句话由电话机经电线传到华生的耳朵里，电话发明成功了！

▲贝尔为人们展示他的发明（1892 年）

使用手机的礼仪

● 置放到位

手机作为当今社会一种便利的通信工具，应放在合适的地方，如口袋里或包里，而日常生活中我们经常能够看见一些人把手机挂在脖子上，这样很不雅观，而且手机的辐射对身体健康也会造成一定的影响。

● 遵守公德

我们在公共场合，特别是电梯、路口、人行道、影剧院等地方，不可以旁若无人地使用手机。如果不可避免地要在公共场合使用手机，应尽量把自己的声音压低，杜绝大声说话，以免影响他人。

比如在用餐时，如果频频被烦人的铃声打断，甚至会引发消化不良。

另外，尤其要注意的是，在影剧院或是在课堂上、会议上，或是参加一些活动时，一定要把手机关闭或是调整到振动状态，以免影响或干扰他人。

● 注意安全

在使用手机时，既要文明使用，又要安全使用。要遵守关于安全的若干规

▲手机在带给人们更多便利的同时，也让人们感觉到了「无可遁形」的烦恼

定，如开车的时候不打手机，乘坐飞机和在加油站或在医院停留期间，最好把手机关掉，以免因手机的电磁辐射而带来安全隐患。

另外，也要引起我们重视的是手机里面有很多个人信息，涉及个人隐私，因此在一般情况下不要借用别人的手机，也不要把手机借给别人。借用手机本身就是没有素养的表现，紧急事情则另当别论。

手机的普及为我们带来了方便，提高了生活水准，但并没有使我们的社会更文明，反而凸显出人们的自私及对周边人士的冷漠。每一个文明社会都有一套日常生活的准则，在方便自己的同时，也不要忽略身边他人的权益。

● 当你未能及时接听他人电话时

有时我们会因为某种原因而未能及时接听他人来电，事后应在方便时及时回复，并说明未能及时接听的原因。

● 当电话中断时

经常有这样的事，我们说着说着通话断了，可能是没电了，也可能是掉线了，或是到了信号死角了，遇到这种情况怎么办呢？接电话的一方有责任告知对方："不好意思，现在我所在的这个位置可能网络没有覆盖，噪声很多，您看这样好不好，我先把电话挂了，什么时候您方便我再打给您。"

▶正确地使用手机，会让它更多地带给你便利，而不是烦恼

如果一点先兆都没有就断了，那你马上要把电话打回去："不好意思，刚才电话掉线了（电池没电了。）"

如何使用手机短信？

如今，手机短信越来越广泛地被使用，已经成为与人沟通的一种简便的方式，随之也就产生了有关短信礼仪的问题。

在需要手机调到振动状态或是关机的场合，如果短信的声音此起彼伏，那么和直接接、打手机又有什么区别？

所以，在会议中或与人交谈时，即使用手机接收短信也要设定为静音或振动状态。不要在别人注视你的时候，查看发来的短信，这是一种非常不尊重对方的表现。

短信作为传播信息的一种方式，已经成为我们日常生活中的一部分。但短信的内容五花八门：有朋友间相互问候的，有各种销售信息，还有很多无聊甚至不健康的内容。当你收到不健康的短信时应该如何处理呢？

首先，不要编辑或转发不健康的短信；其次，对于那些涉嫌违法、犯罪等行为的短信（如办假证件、诈骗等），应该及时、准确地记住对方的号码，反映给有关部门。这是每个青少年维护社会文明的责任。

礼仪故事

手机的发明

1973 年 4 月的一天，一名男子站在纽约街头，掏出一个约有两块砖头大的无线电话，并狂打一通，引得路人纷纷驻足侧目。这个人就是手机的发明者马丁·库帕，当时库帕是美国摩托罗拉公司的工程技术人员。

世界上第一通移动电话是打给他在贝尔实验室工作的一位对手，对方当时也在研制移动电话，但尚未成功。"

其实早在 1946 年，贝尔实验室就制造出了第一部所谓的移动通信电话。但是由于体积太大，研究人员只能把它放在实验室的架子上，慢慢地人们就把它淡忘了。

▲马丁·库帕拿着他钟爱的"大哥大"

直到 20 世纪 60 年代末，AT&T 和摩托罗拉这两家公司才开始对这种技术产生兴趣。当时，AT&T 出租一种体积很大的移动无线电话，客户可以把这种电话安在大卡车上。AT&T 的设想是将来能研制一种移动电话，功率是 10 瓦，就利用卡车上的无线电设备来加以沟通。库帕认为，这种电话太大太重，根本无法移动，更不用说是让人携带方便了。于是，摩托罗拉就向美国联邦通信委员会提出申请，要求规定移动通信设备的功率，只应该是 1 瓦，最大也不能超过 3 瓦。事实上，今天大多数手机的无线电功率最大只有 500 毫瓦。

▲ 当年这种电话曾是一种身份的象征

▲ 超小型的手机

从 1973 年手机注册专利一直到 1985 年，才诞生出第一台现代意义上的、真正可以移动的电话。它是将电源和天线放置在一个盒子中，重量达 3 千克，非常重而且不方便，使用者要像背包那样背着它行走，所以就被叫作"肩背电话"。

与现在手机形状接近的移动通信设备诞生于 1987 年。与"肩背电话"相比，它显得轻巧得多，而且容易携带。尽管如此，其重量仍大约有 750 克，与今天仅重 60 克的手机相比，简直就像一块大砖头。

自那以后，手机的发展越来越迅速。1991 年，手机的重量为 250 克左右；1996 年秋，出现了体积为 100 立方厘米、重量为 100 克的手机。此后，手机又进一步小型化、轻型化，到 1999 年就轻到了 60 克以下。也就是说，一部手机比一枚鸡蛋重不了多少。

▲手机不仅为人们的生活、工作提供了便利，也已经成为年轻人的时尚配饰。可这样的时髦，你敢追吗？

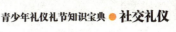

使用公用电话的礼仪

公用电话是经有关部门批准，设在城市街道、公共场所、居民住宅区及农村乡镇、公路沿线等地，供用户使用，并按国家规定的标准收取通信费用的电话。在公用电话上可以免费拨打 110、119、120、122 等公益性号码。

公用电话目前主要分为无人值守公话和有人值守公话两大类，其中无人值守公话包括 IC 卡公话、201 公话、无人值守智能公话等，有人值守公话包括有人值守普通公话、有人值守智能公话、话吧公话等。

无论是使用有人值守公话，还是使用无人值守公话，都要注意文明使用。

● 要轻拿轻放

当你使用公用电话时，一定要轻拿轻放，不能随性乱摔、乱捅。如果遇到无人值守的公用电话出现故障时，可以想办法通知相关部门解决，而不要自己随意修理，以免损坏。如果发现有人恶意破坏公用电话，应该立即举报，绝不能坐视不管。

● 要长话短说

使用公用电话的人越来越少。

在现代社会，由于生活水平的提高，手机的广泛使用，公用电话实际上已经成了移动电话的替补，所以打公用电话的基本都是有急事的。这就要求打电话者不要用公用电话聊天，或者在无关紧要的事说上好几分钟。使用公用电话切忌没完没了，要速战速决。

当你看见有人损坏公用电话时 ↘

公用电话是公共财产，它给人们的日常通信带来了便利，大家都应该自觉爱护它。

但有些人不但不爱惜它，反而恶意地去损坏它。亲爱的朋友，当你遇到这样的情况时，应该善意地上前去劝阻，如果对方不听劝阻，你应该及时把情况反映给有关部门，避免公共财产遭受损坏，这是每个公民维护国家公共财产的义务。

025

要注意语气态度

既然是公用电话，那就一定是在公共场所。在公共场所打电话要考虑到其他人的感受。旁若无人地高声说话，对其他人是一种噪声和干扰，以正常说话的语气、音量与对方交谈即可。当然，如果总捂着嘴、声音低沉、一副怕人偷听的样子，也会让周围的人感到不快。

不要恶意拨打或恶意盗打公用电话

在当今社会，有些人闲得无聊，拿公用电话一次次拨打110、120、119等紧急报警、呼救电话。这是一种严重丧失公德的行为，这种行为不仅干扰了相关部门的工作，而且会给真正需要拨打上述电话的人造成困扰。

另外，通过破解公用电话的密码盗打电话，或是利用高科技手段使电话计费系统失灵，从而免费拨打长途电话，这些行为已不仅仅丧失了公德，而且变成了犯罪。

026

公用电话与疾病

大家都知道，在日常生活中，打电话的既有健康人，也有病人。病人打电话时，常常会将口腔中的病菌喷到话筒上，而健康人如果再继续使用同一部电话，就很可能会将这些病菌吸入口中、鼻内，引起疾病。

另外，病人手上的细菌、病毒、寄生虫卵等都可能粘在电话机上，导致流感、咽炎、流脑、皮肤病、肺结核、甲肝、乙肝等疾病的传播。

德国一项调查表明，黏附在电话听筒上的细菌和病毒有400多种，而送话筒上则高达2 400多种。

目前，我国城市的公用电话大多未进行过卫生消毒，给一些病毒提供了传播基地。曾有人对某市149部公用电话的送话筒进行抽样调查，发现有乙肝病毒的占40.91%，比饭店未经消毒的碗筷上带乙肝病毒的情况还要严重。

所以，亲爱的朋友，当你在打公用电话的时候，嘴与送话筒之间要保持一定的距离，不要用手握着送话筒，更不要用嘴接触送话筒，以免大量的唾沫飞溅在送话筒上，或被送话筒上的病毒传染。打完电话，未洗手前切忌抓食物吃。患有传染病的病人，最好不使用公用电话，以免传染给他人。

交谈的礼仪

交谈在日常生活中是一件十分平常的事情，因为生活中有许多事情是需要通过交谈而取得沟通并达到目的的。

有关心理学专家提醒大家：交谈时除了注意语言美、声音美，姿态美也很重要。也就是说，在谈话中语气、语态应当诚恳、热情；神色、动作、表情等要专心致志，合乎礼节。只有这样，你的交谈才能达到预期效果。

相反，如果语气生硬、粗暴、盛气凌人，不但达不到交谈的预期效果，有时还会引发"战争"，这样的事情我们经常会在公共汽车上或其他拥挤的场合遇到。

因此，学习交谈礼仪、掌握礼貌用语是非常必要的。

◉ 把握好礼貌用语

诚实和热情是与人交流的基础，只有开诚布公的谈话才能使人感到亲切自然，气氛才会融洽。要知道，与任何人进行面对面的交谈都是一种对等关系。所以，在交谈中要随时随地有意识地使用礼貌用语，以礼待人，才能显示出自身的人格尊严。

◆ "对不起"

——用在你对别人有任何轻微妨碍的时候，哪怕是你在帮他的忙。比如：在走廊里无意中挡了别人的路；在拥挤的场所里无意中碰了别人一下；你和别人刚好同时去开一扇门（注意，这时反应一定要快，那可真是像评书里讲的那样——说时迟那时快，稍一愣神，人家已经"对不起"了，结果你

▼如果在这样的场合你要打喷嚏，你会怎么办呢？

就很被动）；没听清别人的话，要把心里那个"什么"换成"对不起"。

◆ **"谢谢"**

——用在别人为你做了任何一点事的时候，哪怕这是他应该做的。比如：公共汽车上你要下车别人侧身给你让了地方；顾客买了你的东西；有时乘客下公共汽车时都会跟司机说声"谢谢"。

◆ **"请"**

——用在任何祈使句的前后，除非你是在生气、在训斥、在跟你的宠物说话。"请"字最能体现对人的敬意，有事相托时，千万不要忘记说"请"。在祈使句前加上一个"请"字，会使命令的口气缓和许多。这个词看似简单，但用起来最有难度。

我们经常会看到有人在购物的时候，常常是话一出口就十分无礼，比如"把那个拿给我看看""把那个给我拿过来""这个多少钱"……然后就只能眼睁睁看着售货员收敛了笑容。

◆ **"不好意思"**

——用在打扰别人的时候。需要指出的一个特殊用法是给打喷嚏、咳嗽、打嗝等行为请求谅解。在公共场合，要想在打喷嚏时显得礼貌些，你有两种选择。

①尽情地打出来然后说"不好意思"。

②简单，但痛苦些——憋回去。

对这两种方式我们都持有保留意见。假如你能看到有人不幸要连打几个喷嚏，那时他的大脑和机体在进行多么艰苦的斗争，你就知道我们的意思了。

以上这些都是最日常的礼貌用语。假如你想请一个头发半红半绿、半秃半扎辫、眉毛穿孔扎环、文了身、抱着滑板的青年侧身让个路，你很可能会说"劳驾"。实际上，在需要"劳驾""借光"的时候，这已经是一种算不上很客气的说法了。真正客气的做法是，什么也不说，等着。等上几秒，挡了路的那人自然会意识到，连忙说声"对不起"，并给你让路，你再从容不迫地说声"谢谢"。当然，他的笑容要多些，你的笑容可以少一些。

礼貌用语的字不多，却可以表达出丰富的情感，使人听起来可心可意，倍感亲切。这些礼貌用语在理论上讲并不难，但要在生活中用得好，该用的地方都用了，且自然得体，那就需要一种心态：对周围的一切都心存感激，并且寻找一切机会来表达你的感激。

难怪有人说："礼貌用语是世界上最美好的语言。"

◉ 声音的讲究

在你与别人交谈的过程中，说话者的语速、音质和声调，也是传递信息的符号。同样一句话，说得和缓或急促、柔声细语或高门大嗓、语调平和或颐指气使、面带笑容或严肃冷峻……效果大相径庭，因此一定要根据对象、场合进行适当的调整。

◆ 要发音准确

说话也是一种艺术，要想把话说得好，正确地表达自己的意思，必须发音准确、清晰易懂，如果口齿不清、发音不准就会影响内容的表达。清晰易懂的发音，可依赖平时的练习、多注意别人的谈话、多朗读书报、交谈时克服紧张情绪、讲话不急不躁等方法，来做到这一点。

◆ 语速不要太快

说话的语速不宜太快，也不宜太慢。说话太快会给人压迫感和紧张感，而且容易给人不自信、不稳重的感觉。有些人以为自己说话快些，可以节省时间。其实说话的目的在于使对方领悟你的意思，如果语速太快反倒会适得其反。此外，不管是讲话的人还是倾听的人，都必须运用思想。说话太慢也会使人着急，既浪费时间，也会使听的人不耐烦，甚至失去谈下去的兴趣。

因此，在谈话中，只有使自己谈话的速度适中，这样和大家交流起来，既能让人听懂，又给自己以思考的时间。

◆ 说话时要注意语调

你是用什么语调讲话的？是高高在上？是有气无力？是咄咄逼人？还是畏畏缩缩？

很多时候，我们在交往中对说话的内容冥思苦想，殊不知，我们的语调已经把一切都搞砸了。

拿起听筒，听到一个"喂"字，无须再多说什么，从这一个字里，我们已经知道母亲是不是没有睡好觉，好友是不是已经顺利通过了考试。不是说"嗓音是身体的音乐，语调是灵魂的音乐"吗？

当我们悲伤的时候，语调是苍白低沉、心不在焉的；经过一夜狂欢，我们的语调变得有气无力、底气不足；而一个星期的海边度假又可以让我们的语调重新恢复活力和弹性。

有的人语调像电钻、像小号，不容别人插话和反驳；有的人语调吞吞吐吐、拖泥带水，能把听者的耐心耗尽；有人的语调虚情假意、装模作样，让人听了浑身不自在。很多人并没有意识到自己的语调有问题，或者他们认为语调和嗓音一样，都是天生的。

不知是否受过专业训练，很多接线员的语调似乎总有那么一点不对劲。他不是懒洋洋地从牙缝里吐着含混不清的词语，就是像带着假面具，语调里全是职业性的热情，没有一点发自肺腑的真诚。殊不知不管是在什么场合，不管我们从事的是什么职业，如果希望我们的语调帮助我们达到目的，真诚的语气都是首位的。

用不着成为帕瓦罗蒂，我们每个人都可以拥有一副优美的嗓音，只要我们懂得如何控制自己的语调。医生用平缓的、不带感情色彩的语调可以平息病人的焦虑；教授用严格的、清晰的语调可以控制整个课堂的气氛；热线电话的主持人几乎无一例外地用一种语调说话：缓慢、低柔、娓娓道来，其关切的语调可以渗透到对方的心里。如果想用甜美的语调打动对方，那就在说话的时候一直保持微笑，因为笑容也可以"听"得到。

从古代直到 20 世纪中叶，欧洲的课堂一直在教授孩子们怎样独立演讲，怎样得体地表达自己的愿望而不引起听众的反感。当今的社会似乎已经变成了"图像"的社会，视觉成为最具冲击力的第一感觉。正因为这样，"表达能力"成了一个人能否尽快脱颖而出、出人头地的关键所在。掌握"受欢迎的语调"无疑是一件事半功倍的好事。

● 不良习惯的克服

一个人文雅的谈吐，固然在于辞令的修饰，但最基本的一条却是词能达意、通顺易懂，说出的话让人觉得顺耳、动听，更要让人听得清楚、听得明白。让人听得费劲、不舒服的话很容易影响谈话情绪，还会使人怀疑你的实际才能，甚至反感和恼怒。因此，在选择词句时应以朴实自然为好，多使用一些明白晓畅的口语白话。这样，既合乎人们的习惯，易于被理解、接受，还不会给人以卖弄做作之感。

另外，有些人喜欢在交谈中插入少许外文或方言土语，其效果优劣恐难一概而论，这

主要取决于双方的趣味，假如趣味相投，便不足为怪，否则恐难受欢迎。一般说来，在与两个或两个以上的人一同交谈时，以不用为佳，因为多数人不习惯这种"中外合璧"的谈话方式。当然，偶尔一两个单词或方言土语用得恰当的话，也可以为谈话增添一分色彩，但要注意引用的话要以对方能心领神会为宜，否则会在无形中造成隔阂。如果的确有必要说，那就要用得恰当，并且要注意正确地发音。如果张冠李戴、不伦不类或语调蹩脚，则难免会贻笑大方。

同样，在社交场合，大家都应尽量讲普通话，避免使用方言。但也要认识到，我国幅员辽阔，语言庞杂，方言的形成自有地域的因素，相互间的语言障碍一时还很难完全消除。所以对于他人的乡音，要有一种雅量。遇到不太明了的言语，多问一声也无妨，切忌讥讽或揶揄。

还有一些人，在和熟人谈话时较为正常和自然，偏偏在遇到陌生人或新朋友时，为了给人一种特别的印象而堆砌辞藻，显得矫揉造作，结果却事与愿违。

在我们平常与人说话或听人说话时，经常可以听到"那个""你知道""说句老实话"之类的词语，如果你在日常说话中不断地使用这些词语，那就是口头禅。

有时，我们在谈话中还可以听到不断的"啊""呃"等声音，这也会变成一种口头禅，请记住奥利佛·霍姆斯的忠告：切勿在谈话中散布那些可怕的"呃"音。如果你有录音机，不妨将自己打电话时的声音录下来，听听自己是否出现这一毛病。一旦弄清了自己的毛病，那么在以后与人说话的过程中就要时时提醒自己注意这一点。当你发现他人使用口头禅时，你会感到这些词语是多么令人难受，多么单调乏味。所以，这些口头禅最好是弃之不用。

还要检查一下，你是否在说话过程中不停地出现以下动作：坐立不安、理额、扬眉、歪嘴、拉耳朵、搔头发、转动铅笔、拉领带、弄手指、摇腿等，这些都是影响你说话效果的不良习惯。当你说话时，听众就会被你的这些动作所吸引，他们会看着你的这些可笑的动作，根本不可能认真听你说话。

这里有一个有趣的例子：曾有一位公司老总，当他面对众人讲话时，总是让自己的秘书与观众站在一起，如果他的手势太多，秘书就会将一支铅笔夹在耳朵上以示提醒。当然我们不可能人人做到如此，但在你说话时，完全可以自我提示，一旦意识到自己出现这些多余的动作时，应该及时改正。

☀ 你有来言，我有去语

交谈顾名思义就是双方在"你有来言，我有去语"的情况下进行。比如：对方以提问的方式与你交谈，你要及时地做出反应，表达你是否赞成对方的观点，这样才能使交谈在融洽的气氛中完成。

当然你不同意对方的某个观点时，你可以委婉地说"我对这个问题倒也十分感兴趣，只不过我不这么认为""对不起，在这一点上我们的想法不太一致"等。

假如认为对方的某个观点和说法根本是错的，你可以这样说："在我的记忆中，好像这个问题不是这样的"，或者说"我在某本书上看到的好像与你讲的不完全一样"……语言虽然十分婉转，但这足以使对方明白其中的意思。

遇到别人真的犯了错误，又不肯接受劝告和批评时，不要急于说服对方，往后退一步想想，把时间延长些，隔一两天或一两个星期再谈，或许是明智之举。

当然，如果这个人是你的长辈或上司，而且固执易怒，你不愿意以不同意见刺伤他（她）时，你也可以用无言的微笑回复他（她），这样既表达了你的意见，又不会使他（她）感到难堪。

讨论并非争论。如果看法和观点不一致，可以心平气和或是私下去和别人交流。

切忌用强硬的语气去让对方同意和接受你的观点。否则，大家都固执，这样不仅没有进展，反而伤害感情。记住，如果不是讨论性的交谈，一般不要与人争辩。如果对方反驳你的意见，大可不必急躁、恼怒，从容说出自己的道理便是。企图与别人争胜是非常拙劣的做法，有时越是想做到这点，越是想逞口舌之利，就越不能使对方信服。

另外，当谈话进行到一种尴尬的境地——冷场的时候，我们要适时地找些有趣味并能令双方都感兴趣的话题来缓和局面。这就要看我们平时的积累与谈话的技巧了，如果找不到话题或是话题切入太过生硬都会令局面更加尴尬。

🔶 如何避免对方昏昏欲睡

在谈话过程中，还要注意观察对方的表情，以适时地调整自己的话题或是语气，保证谈话能顺利地进行下去或是适可而止，不致影响谈话的效果。

在谈话中，如果对方呈现出昏昏欲睡的表情，说明你的话题没有引起对方的兴趣，或是对方已经感到疲倦了，这时你就应该及时地转变话题，引起对方的注意，或是礼貌地中断你们之间的交谈。

▲ 保持距离常常是为了方便交流

🔶 谈话的距离

人与人之间都有着特定的距离，就好比太阳系中行星与恒星之间相安无事地运转，但只有地球和太阳有着最和谐的距离，从而才有充满生机的美丽世界。语言作为人类沟通的重要工具，在使用时把握谈话的距离是极其重要的。

心理学家曾经做过试验，得出一个结论：谈话的距离较近，能够营造一种融洽的气氛，消除紧张情绪。

最合适的距离就是一方伸出手可以够到另一方，即50厘米左右。如果你想在社交中尽快打开局面，适应环境，那么每次与人打招呼或谈话的时候，要注意尽可能地把距离拉得近一些。即使是到一个陌生的地方，或者跟一个素不相识的人打交道，也要放开胆量，走到他面前去说话。

当然要注意，拉近距离并不等同于亲密无间。当你与对方谈话时，如果距离过近，首先会让对方感到有空间上的压力，其次也有可能发生偶然不愉快的事情，比如你说话时的唾沫星子有可能意外地溅到对方的脸上而引起不快。特别是你与对方初次打交道时，不能冒昧莽撞，不然会引起对方反感，以为你没有规矩或用心不正，反而弄巧成拙。

● 谈话中倾听的艺术及技巧

我们总是认为在人际场上能说会道的人是善于交际的人，其实善于倾听的人才是真正会交际的人。

会说话的人，有锋芒毕露的时候，也常有言过其实之嫌。话说多了，有时会被称为夸夸其谈、油嘴滑舌，甚至可能导致言多必有失、祸从口出。静心倾听就没有这些弊病，倒有兼听则明的好处。注意听，给人的印象是谦虚好学，是专心稳重、诚实可靠；认真听，能减少自己不成熟的评论，避免不必要的误解。

善于倾听的人常常会有意想不到的收获：蒲松龄因为虚心听取路人的述说，才有《聊斋志异》的问世；唐太宗因为兼听而成明主；齐桓公因为细听而善任管仲；刘备因为恭听而鼎足天下。

有不少研究及实例表明，人际关系失败的原因，很多时候不在于你说错了什么，或是应该说什么，而是因为你听得太少，或者不注意倾听所致。比如：别人的话还没有说完，你就抢口强说，讲出些不得要领或不着边际的话；别人的话还没有听清，你就迫不及待地发表自己的见解和意见；对方兴致勃勃地与你说话，你却心不在焉、目光游移，手上还在不断拨弄这个那个，有谁愿意与这样的人在一起交谈呢？有谁喜欢和这样的人做

▲做一个积极的倾听者

035

朋友呢？

一位心理学家曾说："以同情和理解的心情倾听别人的谈话，我认为这是维系人际关系、保持友谊的最有效的方法。"

可见，说是一门艺术，而听更是艺术中的艺术。倾听，是对他人的一种恭敬、一种尊重、一份理解、一份虔诚，是对友人最宝贵的馈赠。我们不必抱怨自己不善言辞，只要我们认真倾听，我们就会赢得友谊、赢得尊重。

学会倾听无疑是掌握了一门有效沟通的艺术，那怎样才能学会倾听呢？

◆要有正确的"听"的态度。专心地听对方谈话，态度谦虚，始终用目光注视对方。不要做无关动作：看表、修指甲、打哈欠……人人都希望自己的讲话能引起别人的注意，否则他还有什么兴趣把交谈继续下去呢？

◆要善于通过体态语言、语言或其他方式给予必要的反馈，做一个积极的"听话者"。例如：赞成对方说话时，可以轻轻点点头；对他所说的话感兴趣时，展露一下你的笑容；用"嗯""噢"等表示自己确实在听和鼓励对方说下去；等等。

◆适时地提出问题。凭着你所提出的问题，让对方知道你是在认真地听他说话。而且通过提问，可使谈话更加深入地进行下去。如："造成这种现象的原因是什么呢？""他为什么要这样做？"……

◆不要中途打断对方，让他把话说完。讲话者最讨厌的就是别人打断他的讲话。因为这样，在打断他的思路的同时，又会使他感觉到你不尊重他（其实，你也许并无不尊重他的意思）。事实上，我们常常听到讲话者这样的抱怨："你让我把话说完好不好？"

◆适时地引入新话题。人们喜欢对方从头到尾安静地听他说话，而且更喜欢被引出新的话题，以便能更充分地展示自己的价值。你可以试着在别人说话时，适时地加一句："你能不能再谈谈对某个问题的意见呢？"

◆专注于对方所讲的话题。无论你多么想把话题转到别的事情上去，达到你和他对话的预期目的，也还是要等待对方讲完以后，再岔开他的话题。

◆要巧妙地表达你的意见。通常，我们没有必要一定要表示出或坚持明显与对方不合的意见，那只会引发不必要的争执。当然，我们也没有必要一定要做个"懦弱的"倾听者，只是我们为了气氛的和谐，在表达不同意见时要注意方式、方法罢了。比如，我们可以说："嗯，也许你说得有道理，但站在另外一个角度，也可以这样理解……"。

◆要听出言外之意。一个聪明的倾听者，不能仅仅满足于表层的听知理解，而要从说话者的言语中听出话中之话，从其语情语势、身体的动作中了解到其隐含的信息，把握说话者的真实意图。只有这样，才能做到真正、有效的交流、沟

▲选择这样的谈话地点，一定会令谈话取得意想不到的效果

通。掌握倾听的艺术并非很难，只要克服心中的障碍，从小节做起，肯定能够成功。下面列出一些提高倾听能力的技巧以供读者参考。

◆尽量选择安静、平和的倾听环境，使信息传递者处于身心放松的状态，以利于交流的进行。

◆如果你对谈话的对象或是要交谈的事情丝毫不感兴趣，那最好的方式应该是直接地告诉对方，但如果出于某种原因，对话又是必须要进行的，那你还是要摆出有兴趣的样子，并尽可能地认真倾听对方的谈话，并给予必要的回应，因为这是对对方起码的尊重。

◆正视对方的眼睛，同时注意其脸部及表情、语气等的变化，这能帮助你聆听，同时也能完全让传递者感受到你在聆听。如果同时用眼神、点头或摇头等肢体语言表达你的感受，一定会鼓励信息传递者更好地将他（她）的想法表达出来。

◆关注所谈论的问题，不要让你的思维"迷路"或"跑调"。

◆抑制争论的念头。注意你们只是在交流信息，而非辩论赛，争论对沟通没有好处，只会引起不必要的冲突。学习控制自己，抑制自己争论的冲动，放松心情。

要做到这一点，先要小心自己的偏见，倾听中只针对信息而不是传递信息的人。诚实面对、正视自己的偏见，并要能够容忍对方的偏见。

◆保持耐性，让对方讲述完整，不要打断他的谈话，这不仅是为了更完整地了解对方所要表达的内容，更是对对方的基本的尊重。

◆不要臆测。有些人往往刚听到三言两语便以为已经对对方的意思了然于心，于是立即给出结论。这往往会导致其不再认真听取对方的意见，造成理解上的误差，使得沟通失败。最好的方法应该是保留对他人的判断，直到完全了解了对方的意图。

◆不要以自我为中心。在沟通中，只有把注意力集中在对方身上，才能够进行倾听。但很多人习惯把注意力集中在自己身上，不太注意别人，这容易造成倾听过程的混乱和矛盾。

◆必要的时候做笔记。做笔记不但有助于聆听，更有助于集中话题及给对方愉悦的感受以利于交流。但是前提条件一定是"有必要时"，因为如果你为了一点点小事情而拿着笔记本坐在对方面前，不但会给对方带来无形的压力，还会令对方认为你是一个阿谀逢迎者，而影响后续的交流。

◆如果交流双方能够互为倾听者，谈话一定会取得事半功倍的效果。

● 用积极倾听表示你接受

耐心倾听，真正理解并接受对方要表达的意思，却并不加以评判，才是一种真正意义上的"积极的倾听"。

积极的倾听能令对方感到对自己的表达充满信心，同时认为能够与你产生共鸣，从而愿意与你将交谈更深入地进行下去。

以下是三个小场景，如果你置身其中，会怎样作答呢？

1. 看到一个小孩割破了手指，并开始大哭。

a. "这并不是什么大的伤口。"

b. "别哭了！没那么疼的。"

c. "小家伙，你的手指是不是很疼啊？"

2. 一个朋友对你说："老板说我工作效率低，如果我不改进的话就要炒我鱿鱼。"

a. "我想你得拼命工作了。"

b. "你不应该怕他，你可以再找一份工作。"

c."听上去这份工作对你很重要，你不愿丢掉它对吧?"

3.朋友对你抱怨说："看来我别无选择，只有让我妈妈搬来和我一起住了。"

a."你应该这样想：她养大了你，现在该你回报她了。"

b."我想你心里肯定很高兴又能和她住一起了。"

c."你是担心这样做会对你的生活产生影响吧?"

每个例子中的前两种回答都告诉对方应该怎么做，该有什么样的感觉，或者向对方表达肯定或否定、同情或安慰，这样的回答很难让对方感到满意。相反，这会让对方觉得你不愿介入他的事情，并不认真地对待他的感情，或者对其解决自己问题的能力持怀疑态度。

第三种回答才是积极倾听，产生的结果就大不一样了。如果能被鼓励自由而且充分地表达自己的感情，别人跟你在一起时就会觉得平静、放松。理解对方的问题却不越俎代庖，会让对方觉得你很信任其解决问题的能力。

倾听时常犯的错误

倾听时未能从说话者的角度出发给出必要的回应，是最为常见的错误。有时只是简单地重复对方的语言，有时是潦草地作答，这都会给对方造成被忽视或被轻视的感觉，从而影响交流的进行及交流的深度。

梦菲：我非常高兴。 瑞德：你很快乐。

(梦菲也许在表达：我乐意与你交流。)

安琪：过山车是我的最爱。 大鹏：你最喜欢过山车。

(安琪也许在表达：我很想去玩（想再玩一次）过山车；或是和你一起坐过山车，我很愉快。)

林达：但愿我们不用现在就走。 阿布：你是想再多留一会儿。

(林达也许在表达：我很想和你再多待一会儿；我希望以后还能再来这里。)

妻子：成天照顾孩子，感觉就像没完没了的无聊工作。 丈夫：孩子们真的让你很忙。

(妻子也许只是期望丈夫说一句体贴安慰的话，比如："亲爱的，真是辛苦你了。")

丽珍：我很失落。 阿铮：你是有些不舒服吧?

(这个时候，也许丽珍更希望阿铮说"这是因为什么呢"，然后让她把内心的失落倾诉出来。)

● 对非语言信息的积极"倾听"

倾听，不仅仅限于语言。如何对非语言信息进行"倾听"呢？

非语言信息常常比语言信息更加难以正确理解，因为同一个信息（比如微笑或者交叉手臂）可能传达着完全不同的几种意思。因此，最好通过下面三个步骤来检验你的理解是否正确。

1．告诉对方你所看到、听到的和借以得出结论的内容。

2．试探性地告诉对方你对其动作的理解。

3．问对方你的结论是否正确。

例如：

1．"我问你是否愿意和我一起去学滑滑板，你只是轻轻地说：'听起来好像很有意思。'然后就转移了话题。我觉得你不想去，对吗？"

2．"你刚才说你喜欢数学，可是又皱了皱眉头。是不是还有更喜欢的学科？"

3．"你不停地打哈欠，是不是想要回家了？"

4．"自从上个月认识你，你只想和我吃午饭——从来没有一起吃过晚饭或看演出。我想知道这是为什么？"

5．艾伦大学时候有个朋友叫安吉，有一天她突然不再回应艾伦的问候了。这样过了将近一个星期，艾伦对她说："安吉，这五天来我一直冲你微笑，和你打招呼，你却没有回应。是不是我做错了什么事惹你生气了？"安吉回答说："哦，对不起，完全不是。我最近为了博士论文忙得焦头烂额，忽略了你的问候。"

▲ "这些花都送给你，你知道我想说什么。"

以倾听获得人们好感的迪斯雷利

英国维多利亚女王时期的政治家迪斯雷利在文学方面才华横溢，著有多部小说，得到各界女性的青睐。关于他的魅力流传着这样一个笑话。有几个女人聚在一起议论当时的政治家，其中一个问道："如果迪斯雷利和他的政敌格拉德斯通同时向你求婚，你会作何选择？"在座的人都毫不犹豫地表示会选择迪斯雷利，而只有一个人表示要选择格拉德斯通，并说："我会与格拉德斯通结婚，然后让迪斯雷利做我的情人。"

▲政治家迪斯雷利

041

迪斯雷利很清楚自己对女性的魅力，并在自己的政治生涯中充分利用了这一优势。他之所以能够成为出色的政治家并稳坐首相之位，就是因为有了上流富层遗孀的鼎力相助及维多利亚女王的充分信任。

而迪斯雷利与人交往的秘诀就是：要得到别人的好感，必须学会认真倾听。

◉ 在交谈中善用委婉语

在人们的交往过程中，有些词语使人尴尬、惹人不快或令人恐惧。如果直接表达出来给人的印象是粗俗、生硬、刺耳、无礼，如果间接地表达出来则是含蓄、中听、有礼，后一种表达方法就叫作委婉语。由于委婉语在婉转地表达了人们真实的语意的同时，还具有很好的修饰效果，因而被广泛地应用在社会生活中的各个层面。善用这些委婉语会让我们谈吐更加高雅而有礼。

◆ 职业委婉语

在很多国家，脑力劳动被视为高贵的工作，而体力劳动则相对被视为卑微的工作，脑力劳动者和体力劳动者的报酬相差很大，为了避免直白的用词给从业人员带来精神上的不安，人们极力将之委婉化，以表达人们对从业人员工作的尊重。例如：

▼This's a cleaning operative.

（1）road-sweeper or dustman（扫大街的）委婉作 cleaning operative（清洁工人）。

（2）garbage man（垃圾处理工）委婉作 sanitation engineer（卫生工程师）。

（3）foreignworker（外国劳工）委婉作 guestworker（客籍工人）。

（4）butcher（屠夫）委婉作 meat technologist（肉类技术专家）。

◆疾病委婉语

不同的时代，不同的文化，人们忌讳的话题也有所不同，但是对疾病的恐惧却是相同的。当人们谈到癌症、艾滋病等严重疾病时，大都免不了心生恐惧。为了减轻疾病带给病人的精神压力，提高病人的心理承受能力，增强他们战胜疾病的信心，人们就采取了一系列回避的说法。例如：

（1）用 big C（大写 C）或 long illness（需要长期治疗的疾病）代替 Cancer（癌症）。

（2）用 social disease（社会疾病）代替 syphilis（梅毒）和 AIDS（艾滋病）。

（3）用 lung trouble（肺部毛病）代替 tuberculosis（肺结核）。

（4）用 the old man's friend（老年之友）代替 pneumonia（肺炎）。

（肺炎和肺结核在过去都属于不治之症，当时人们对肺病的恐惧就像今天对癌症的恐惧一样。所以这些疾病在当时都是忌讳的，虽然现在这些病不再令人恐惧，但是委婉语仍在继续使用着。）

（5）一个人得了精神病，不直接说 mad（疯了），而用 a little confused（有点反常，神志迷乱）代替．

（6）用 hard of hearing（重听）代替 deaf（听力障碍）。

（7）而 weight-watcher（重量看守人）代替 fat person（胖人）。

◆死亡委婉语

古往今来，人们最害怕的莫过于死亡带来的恐惧，对于死的敏感似乎是一种永恒的感觉，它使人不敢直言或不愿直言。所以，有关死亡的委婉语就空前的多，常见的有以下几种。

(1) to be asleep in the arms of God（安睡在上帝的怀抱中）。

(2) to be at peace（处于平静状态）。

(3) to be at rest（安息）。

(4) to be taken to paradise（被带进天堂）。

(5) to return to the dust（归入尘土）。

◆犯罪委婉语

英语中有关犯罪的委婉语主要是犯罪分子为了掩饰自己的行为创造和使用的。他们编出了一套暗语，目的是美化自己。

(1) 用 a five fingers（五指全能者）代替 pickpocket（扒手）。

(2) 用 gentleman of the road（大路男子）代替 robber（拦路贼）。

(3) 用 a shifter（搬运工）代替 fence（销赃人）。

(4) 用 hero of the underground（地下英雄）代替 heroin（海洛因）。

(5) 用 the candy man（糖果商）代替 drug pusher（毒品贩子）。

◆政治委婉语

如果说其他方面的委婉语多数是禁忌，为了避讳和典雅的话，那么政治委婉语主要是为了遮掩和美化。

(1) student strike（学生罢课）被轻描淡写成 student unrest（学生不安）。

(2) aggression（赤裸裸的侵略）被说成是 police action（警察行动）。

(3) retreat（打了败仗撤退）却美其名曰 adjustment of the front（战线调整）。

▲这是一场战争游戏？

（4） massacre（血腥屠杀）却说成是 search and clear（搜索与清除）。

（5） war exercise（战争演习）说成是 war games（战争游戏）。

众所周知，委婉语主要是在向人们提及那些不愿或不宜直接提及的事物时使用的，所以言辞尽量美好动听，但是委婉程度不是一成不变的，而是随着时间、文化、场合不同而变化的。由于人的道德观念不同，文化层次不同，他们对委婉语的使用也不尽相同。今天，随着东西方文化交流的日益深入，认识到各民族不同的文化和审美观念，感受审美意识对语言运用的巨大影响，可以从一个侧面了解一个社会的文化传统、价值观念和语言形式之间的内在联系，从而了解各民族不同的文化，增强对不同文化的敏感性和洞察力，在各民族之间的交流中游刃有余。

○ 幽默的礼仪

作家普里兹文曾经说过："生活中没有哲学还可以应付过去，但是没有幽默则只有愚蠢的人才能生存。"可见，幽默是一个人的学识、才华、智慧、灵感在语言表达中的闪光，是一种"能抓住可笑或诙谐想象的能力"，它是对社会上的种种不协调、不合理的荒谬现象、偏颇、弊端、矛盾实质的揭示和对某些反常规知识言行的讽刺。

固然，幽默的力量不会使你减肥、不会帮你付清账单、也不会减轻你的劳动量，但是当你希望成为一个能克服障碍、赢得他人喜欢和信任的人时，千万别忽视这股神奇的力量。因为，无论是拜访还是待客，幽默感都能给我们很大的帮助。一个面露微笑、活泼风趣的人，总是比面带怒容或神情抑郁的人更受欢迎。幽默是你进行社交、进行沟通的一座桥梁。

有人说，神色自然是件傻事，因为在应该不好意思的时候，自己却可能不知道。但神色自然来自心理上的平衡，它融合了我们笑谈自己的勇气和对他人真诚的关心。

有一位年轻的姑娘在订婚宴会上希望给未婚夫的亲戚留下美好印象，她微笑着走进来，可是在门槛上绊了一下，脚步踉跄地跌坐在沙发上。她立刻说道："瞧，你们的牌局多精彩，把我也吸引过来了。"她的轻松和自信，一下子就扭转了本来可能使人难堪的局面，自信和风趣立现。幽默的确会给拥有它的人增色不少。

社交场合，正是幽默力量最活跃的时刻。女主人把你介绍给一位贵宾时，悄悄地对你说："说些捧场的话。"可是，如果这句话恰巧已经被对方听见，那该怎么办呢？你可以说："哦，不！我知道您正是那种不能随便奉承的人。"这样一定会使大家都避免尴尬。

礼仪故事

作家"罪该万死"

尴尬的场面自是我们不愿遇到的，但化解尴尬也的确需要些幽默的"调料"。

美国作家欧希金曾在他的作品《夫人》中写到美容产品大王鲁宾斯坦女士，有一次他参加宴会，一位客人不断地批评他，说他不应该写这种女人，因为她的祖先烧死了圣女贞德，其他客人都觉得很窘迫，几次想改变话题都没能成功。最后，欧希金自己说："好吧，那件事总得有人来做，现在你差不多也要把我烧死了。"这句话使他马上从窘境中脱身出来，随后他又说了一句妙语："作家都是他笔下的人物的奴隶，真是罪该万死。"

幽默的萧伯纳与不幸的骑士

有一次，英国著名作家萧伯纳正在街头散步，突然一位冒失的摩托车骑士驾车闯了过来，猛地把萧伯纳撞倒在地。

肇事者急忙扶起萧伯纳，并连声道歉。

幸好萧伯纳没有受伤，他站起身拍拍屁股，对着骑士微微一笑，诙谐地说："我觉得很遗憾，您真是太不幸了，先生。假如您把我

机智幽默的萧伯纳

撞死了，明天您就能成为闻名天下的摩托车骑士了。"

当那个肇事者知道被自己撞倒的是大名鼎鼎的萧伯纳时，不禁对这位大作家的幽默感敬佩不已。

● 在交谈中善用赞美的艺术

父母经常赞美孩子，会令孩子更加自信、昂扬向上；朋友间的相互赞美，会令友谊更加完美；领导经常赞美下级，会更加激发职工的积极性、创造性与参与度……

赞美之于人心，如阳光之于万物。在我们的生活中，人人需要赞美，人人喜欢赞美。这不是虚荣心的表现，而是渴求上进，寻求理解、支持与鼓励的表现。（但是请你注意，这里所说的赞美不是那些阿谀奉承之词，而是发乎于心的真诚话语。）经常听到真诚的赞美，明白自身的价值获得了社会的肯定，有助于增强自尊心、自信心。

046

● 如何赞美别人

随便说几句人云亦云的客套话，赞美一个人或一个集体并不难，更谈不上可贵。贵在真心诚意，难在确有实效。

▲对于儿童更应多赞美、多鼓励，以帮助他们树立信心

诌谀与捧杀，都是带糖衣的毒药。这种"赞美"或言不由衷，或夸大到令人难以置信的地步，或无中生有、张冠李戴。这些都不是正常社交往来的手段，而是钩心斗角时用以讨好、利用或迷惑、麻痹对方的阴谋伎俩。

对至爱亲朋的赞美当然出于善意的鼓励，但往往不自觉地带有偏爱或捧场的倾向。你可以态度更热情，语气更热烈，但对人、对事的评价决不能脱离客观事实的基础，措辞也应当有分寸。

对于任何一个人，最值得赞美的，不是他身上显而易见的长处，而是那些蕴藏在他身上的优秀的潜质，这些极为可贵又尚未引起重视的潜质，很有可能通过你真诚的赞美被激发出来，帮助他（她）开辟人生或事业上的一个全新的领域，有助于其攀登人生与事业上的新的高峰。内容明确、有特点的赞美，比一般化的赞美更可贵、也更可信。与其空泛、笼统地赞美对方很聪明、能干，不如具体地赞美他（她）做出的几件漂亮事，这样才有助于其发现、发挥自己的长处和优势，激发起更强的上进心、荣誉感、自豪感。

赞美，不一定局限于对个人，也可包括对他所从事的职业，所属的民族、籍贯、国家及他工作的单位、就读的学校。这种对群体的赞美，在现代的集体社交活动中，具有特殊的公共关系效果。

有的人不习惯当面直接赞美别人，或不习惯当面被直接赞美，那么恰如其分的间接赞美就是最好的选择，其意义与效果不亚于直接赞美。如"严师出高徒""将门出虎子""名厂无劣品"之类的说法，就道出了间接与直接的关系。因为直接赞美劳动成果，往往就是间接赞美生产、培植出这硕果的劳动者。

在实际生活中特别值得注意的是，最有实效的赞美不是"锦上添花"而应是"雪中送炭"。最需要赞美的不是那些早已名满天下的人，而是那些正处在身心的成长期或是存有自卑感的人，尤其是其中那些被错当成"丑小鸭"的"白天鹅"。如果在他（她）们最为低落的时候，给予他（她）们最真诚的赞美，哪怕只是只言片语，都有可能使其倍受鼓舞、振作起精神，以昂扬的人生态度追求更高的人生目标。

● 谈话的忌讳

谈话是一门艺术，为了使之在快乐、和谐的气氛中进行，就必须在谈话中注意一些忌讳。

◆在有多人参加的集体聚会中，切忌只谈个别人知道或感兴趣的事情，或只与个别人交谈而冷落其他人。这对于被冷落的人来说，除了尴尬，也是一种不尊重。这种情形在有好为人师者参加时最为多见。

◆ 不要涉及令人不愉快的内容，如疾病、死亡、荒诞的事情。当在谈话中一定要涉及的时候，就要善用委婉语了，这在前述文章中已有涉及，可参考阅读。

◆ 话题不要涉及他人的隐私。这在西方一些国家中，显得尤为重要，比如对方的年龄、收入状况、家庭关系、婚姻状况等，甚至包括学生的考试成绩。

◆ 如果对方是残疾人，就避免谈论涉及对方残疾的部位及话题。

◆ 言之有物，真诚不夸大。待人真诚是赢得友谊与尊重的前提。无论是赞美还是批评，只要是发自内心的，都会令对方身心怡然。

◆ 少插言，甚至不插言。在和对方谈论时应多说"后来呢？""真的啊！"等，鼓励对方讲下去，而不是在对方在这个话题上还意犹未尽地谈论时，打断别人的谈话或是让对方转移到另外一个话题上，这只会令对方认为你是个无礼的人。

◆ 不在背后议论别人，尤其是不要在背后通过贬损他人来抬高自己，这是一种极端愚蠢的行为。那只会让别人觉得你是一个"长舌头"，更会让人觉得你一定会在别人面前去议论他的是非，从而招来别人的厌恶。就算你本无恶意，但是"说者无意，听者有心"！

◆ 跟上节拍。不要在别人已经转移到另外一个话题时，你还停留在之前的话题上。那样只会让你不合群，也会让别人认为你是一个不识趣的人。

见面时的礼仪

我国素以"礼仪之邦"著称，更是十分重视初次见面的礼仪。在古代，我国最常见的见面礼仪便是"揖"，即"拱手为礼"，其方法是身微俯，手与心齐，双手交合，这种礼仪始自先秦，至今偶尔还可看到。"拜"，包括跪地叩头、打躬作揖等，以表示敬意。

随着社会的进步，日常社交场合中普遍为人们接受和使用的见面礼仪融进了更加文明、更加丰富的内容。因此，为了给别人留下一个良好的印象，取得公共活动的成效，不只在一般普通人际交往中，而且在公共关系活动中尤其需要掌握和遵循见面礼仪。

☀ 日常礼貌用语

◆ 见面语

"老师好""早上好""下午好""晚上好""您好"等。

◆ 感谢语

"谢谢""劳驾了""让您费心了""实在过意不去""拜托了""麻烦您""感谢您的帮助"等。

◆ 致歉语

"对不起""请原谅""很抱歉""请稍等""请多包涵"等。

◆ 客气语

"别客气""不用谢""没关系""请不要放在心上"等。

◆ 告别语

"再见""欢迎再来""祝您一路顺风""请再来"等。

▼热情洋溢地打招呼会令你与对方的交往和谐而愉快。

如何打招呼

我们对打招呼要有正确的认识。在日常生活中，遇见老师、同学、长辈等，打招呼是最起码的礼节。良好、得体的打招呼能活跃气氛，增进友谊。而恰当地使用招呼语，可以很好地避免尴尬场面的出现。

有的人不重视打招呼，认为天天见面的人一般用不着打招呼，有的人认为与自己家里的人也用不着打招呼，有的人认为与自己无关紧要的人或者陌生人更用不着打招呼，而有的人不愿意先向他人打招呼……

其实，这些认识都是不正确的。打招呼是联络感情的手段，沟通心灵的方式，增进友谊的纽带。见面打招呼是很自然的，打招呼并不是为了要与对方有进一步的交往，而是一种礼仪形式。其实不论任何人，当有人微笑着和自己打招呼时，都会受到感染，像是见到阳光一般，心情也会跟着好起来，这时你可以很自然地回应这美好的问候。因此，当我们在任何场合遇到任何人，如果迎面而来的人对我们说"Hello"的时候，千万别露出一副莫名其妙的表情，甚至置之不理啊！那可是非常失礼的呀！

◆ 要主动

对自己周围的人，包括亲人、邻居、同学、朋友等，不论其身份、地位、年长、年幼、是男、是女，都应一视同仁，只要照面就应打招呼，表示亲切、友好，这也是一个人良好内在修养的重要标志。

至于打招呼的先后是无关紧要的，有的人喜欢摆架子，不愿意先向别人打招呼。其实，先打招呼是主动的表现，是热情的象征，会拥有人际关系的主动权，有什么不好呢？

◆ 方式要灵活

打招呼的方式可以灵活机动、多种多样，可以问好、问安，有的可以祝福，有的可以握手，有的可以拍拍肩膀，有的甚至可以拥抱，有的点头，有的挥手，有的微笑，有的"嗨"一声，等等。打招呼时，要根据当时的具体情况而定，表现出对他人的尊重与关注。

在行走过程中打招呼时，应该放慢行走速度，或是干脆停下脚步；骑自行车的时候，应该放慢行驶速度，或是干脆下车；在室内或非行进过程中打招呼时，则应起立，或是欠欠身、点点头都可以……

但是，无论在何时、何地，当我们与他人打招呼的时候，都应面带微笑，专注地看着对方的眼睛，同时诚心诚意地奉上一个热情的见面礼，而不是敷衍了事，客套一番而已。

▲ 合作伙伴间的亲切问候

▲ 老朋友间的热情寒暄

▲ 亲人间久别重逢的深情拥抱

◆ 要认真回应对方

别人向你打招呼时，一定要认真、及时、热情地回应对方。

回应对方的可以是真诚的话语，甚至也可以是一个大大的微笑。但是，把"谢谢""你好""是啊，你呢？"……这些回应的话说得恰到好处也是一门学问，口与眼要紧密配合，嘴里说"谢谢"时，一定是发自内心的真诚，目光要和对方相交，而不是漫不经心地随便应付一句。否则，毫无表情，连看都不看对方一眼就随便敷衍一句，别人立刻会感到你的虚伪，从而会从心底里泛起反感和不快，甚至产生厌烦的情绪，反而起到了负面的作用。人多的时候，要向大家致意，或一一道来，或一齐致意，但无论哪一种方式，都要使每个人都能够感受到你的诚意。

◆ 打招呼热情有度

当你与别人见面时，不管是熟悉的还是陌生的，一定要在做到彬彬有礼的同时，注意热情有度。如果你过于热情了，会给人一种虚伪的不良感觉，甚至会让对方觉得你居心叵测。尤其是同外国友人打交道时，过分热情还会有失国格。要把握好待人热情的分寸，否则就会事与愿违，过犹不及。

令自己在各种交往中"热情有度"，关键是要掌握好以下三个方面的具体"度"：第一，要做到"关心有度"；第二，要做到"批评有度"；第三，要做到"距离有度"。

◆ 勿碍他人

当你发现对方正在忙于其他事情，而没有时间与你过多地交谈时，你应该出于礼貌打个招呼就可以了，这样既不影响对方又不失礼貌。

● 如何称呼

正确、适当的称呼，不仅反映了自身的教养、对对方尊重的程度，甚至还体现着双方关系达到的程度和社会风尚。务必注意两点：一是要合乎常规，二是要入乡随俗。

▲ "你好，小伙子。"
"你好，叔叔。"

另外，还应对生活中的称呼、工作中的称呼、外交中的称呼、称呼的禁忌细心掌握，认真区别。生活中的称呼应当亲切、自然、准确、合理。在工作岗位上，人们彼此之间的称呼是有特殊性的，要求庄重、正式、规范。以交往对象的职务、职称相称，是一种最常见的称呼方法，比如张经理、李局长。

在国际交往中，因为国情、民族、宗教、文化背景的不同，称呼方式也千差万别，因此要注意两点：一是要掌握一般性规律；二是要注意国别差异。

在政务交往中，常见的称呼除"先生""小姐""女士"外，还有两种方法：一是称呼职务（对军界人士，可以以军衔相称）；二是对地位较高的称呼"阁下"。教授、法官、律师、医生、博士，因为他们在社会中很受尊重，可以直接将职业作为称呼。

◆ **国外的称呼**

1.对于认识的人

对于自己已经认识的人多以 Mr.、Ms. 或 Mrs. 等加在姓氏之前称呼，如 Mr. Chang、Ms. Tang、Mrs. Huang 等，千万不可以用名代姓。例如说美国国父乔治·华盛顿，人们一定称之为华盛顿总统、华盛顿先生，因为这是他的姓，如果称他为乔治先生，那么一定会震惊全场，因为只有以前的黑奴才会如此称呼主人的。

2.重要人士

对于重要人物最好加上他的头衔，如校长、大使、参议员、教授等，以示尊重，当然也如前述，是在头衔之前加上他（她）的全名或姓氏称呼，千万别接上名字。

一般而言，有三种人——大使、博士及皇室贵族，在称呼他们时一定要加头衔，否则表示十分不敬，甚至会被视为羞辱。

3.对于不认识的人

对于陌生人可以 Mr.（先生）和 Madam（女士）称呼之，有不少人一见到外国人就称为"Sir"，这是不对的。因为只有对看起来明显年长者或是虽不知其姓名但显然是十分重要的人士才适用。另外，面对正在执行公务的官员、警员等也可以 Sir 称呼以示尊敬。而相对于女士则一律以 Madam 称呼之，不论她是否已婚。

4.对于年轻人

对于年轻人可以称之为 young man，年轻女孩则可称之为 young lady，小孩子可以昵称为 kid(s)，较礼貌地称之为 young master，在此 master 并非主人之意，有点类似汉语的"小王子"之类的称呼。

▲ "你好，先生。"
"你好，请叫我酋长先生。"

▲ "您好，伊丽莎白女王陛下。"

◆ **称呼的五个禁忌**

我们在使用称呼时，一定要避免下面几种失敬的做法。

1. 错误的称呼

常见的错误称呼就是误读或是误会。

误读也就是念错姓名。为了避免这种情况发生，对于不认识的字，事先要有所准备；若是临时遇到，就要谦虚请教。如果对其中某个字的读音没有十足把握，最好查一查字典或是向对方咨询，以免读错了令双方尴尬不悦。

你认识这些字吗？ ↘

这些字在姓名中出现的频率比较高，你认识它们吗？

旻（mín）、毓（yù）、珏（jué）、玦（jué）、鼐（nài）、单（作姓氏时读 shàn）、荽（suī）、睿（ruì）、珩（héng）、荻（dí）、嫪（lào）、芾（fú）、瞿（qú）、翟（zhái）、桀（jié）、闳（hóng）、钰（yù）、妤（yú）、婧（jìng）、璟（jǐng）、菁（jīng）、靓（这个字是多音字，两个读音在姓名中都有应用，所以当你碰到这个字时，最好问一下对方："请问，您的名字应该读作 jìng 还是 liàng？"）……

误会，主要是对被称呼者的年纪、辈分、婚否及与其他人的关系做出了错误判断。比如，将未婚女子称为"夫人"就属于误会。相对年轻的女性，可以通称为"小姐"，这样对方也乐意听。

2. 使用不通行的称呼

有些称呼，具有一定的地域性，比如：山东人喜欢称呼"伙计"，但在南方人听来"伙计"是"打工仔"的意思；中国人把配偶经常称为"爱人"，但在外国人的意识里，"爱人"是"情人""第三者"的意思……

在日常生活中我们可以入乡随俗，但在正常的社交场合，还是要尽量使用标准的称谓，以免造成不必要的误会。

3. 使用不当的称谓

在日常生活尤其是社交场合中，如果称谓使用不当，不仅有可能造成歧义，还有可能令对方产生受到贬低的感觉。例如：在北京人们常把各类工人、服务人员等广泛地称呼为"师傅"，在大多数人的意识中，师傅二字也是对道士、和尚、尼姑等出家人的称谓。你如果称呼一位德高望重的学者为师傅，肯定是不合礼仪的，即使对方并不在意，这也是一种不礼貌的称谓。

4. 使用庸俗的称呼

有些称呼在正式场合不适合使用。例如："兄弟""哥们儿"一类的称呼，虽然听起来亲切，但由于是口语用词，在正式场合要避免使用。

5. 称呼外号

对于关系一般的人，不要自作主张给对方起外号，更不能用道听途说来的外号去称呼对方，也不能拿别人的姓名乱开玩笑，这些行为都是不礼貌的。

握手的礼仪

握手礼源自西方，它随着世界文化交流的不断进行而在世界范围内得以推广，并且已成为当今世界上应用最为广泛的一种见面礼节，也是世界各国一致认可的官方礼节。

但是，握手不单是把手伸出去那么简单。握手的方式与力度会间接地反映出握手者的性格和为人处世的态度。通常性格直率、为人热情的人，手掌宽厚、温热，握手的力度会比较大；而性格相对内向、不太愿意与人打交道的人，则手较凉，且握手的力度会比较轻，常常会给人以疏离的感觉。当然，更多的是介于两种类型中间的人，但可以肯定的是，当你与对方初次见面，握手的一刹那，双方彼此就有了一个初步的判断。为了给对方留下一个美好而有礼的最初形象，握手这个环节是不容忽视的。

正确、有礼的握手会为我们在交往中赢得最初的一分，为后续交往打下良好的基础。而错误、无礼的握手则会给人们在日常的交往中造成一些负面的影响，为后续交往埋下"隐患"。例如：有的人为了刻意显示自己的热情而用力地与对方长时间握手，这是很不礼貌的方式，尤其是在与女性交往的过程中；有的人为了显示自己的不凡而与人握手时草草为之；更有甚者，其在与陌生人握手之后，会公然或是偷偷地擦拭自己的手，这更是极端不礼貌的行为……凡此种种，都是我们要尽力避免的。

中国是一个讲究礼仪礼节的国度，而握手是日常生活中最常见的一种礼节。那么，怎样才是正确的行握手礼呢？让我们从以下几个方面阐述一下吧。

▲握手的方式与力度会间接反映出你为人处世的态度

握手的次序

行握手礼时也要遵循一定的"礼数"，才不致使双方感到唐突或尴尬。通常，握手时可遵循如下原则。

(1) 主客之间，主人先伸手；

(2) 年长者与年轻人之间，年长者先伸手；

(3) 身份、地位不同者之间，身份和地位高者先伸手；

(4) 女性与男性之间，女性先伸手。

握手的时间与力度

握手时必须掌握好力度，不要抓住对方的手使劲摆动或抓住人家的手长时间不放（尤其是男性与女性握手时）。正确的方式应该是，注视着对方的眼睛，热情而有力地握住对方的手持续 5 秒钟左右。与女性握手时，力度要轻些，时间也相应地要短些。

握手时的注意事项

◆ 切忌用左手与他人握手。当你与对方握手时，按照普通惯例，应该用你的右手，如果你用左手，是极其不礼貌的行为。尤其在一些宗教国家，左手被认为是不洁的，若你用左手与之握手，会被认为是对他的侮辱。

◆ 不要戴着手套与他人握手。戴着手套与他人握手，是对对方有失尊重的一种行为。因此，当你与对方握手时，不要戴手套，如果戴着手套，也要取下后再与对方相握。

◆ 不要心不在焉地与他人握手。在与人交往的过程中，专心与专注是对对方最基本的尊重。如果你在与别人握手时，目光飘忽或左顾右盼，那是一种非常不礼貌的行为。握手时一定要注视对方的眼睛，并微笑致意或问好。

◆ 不要坐着与他人握手。在与对方握手时，如果你没有特殊的原因，一定要起身与对方握手，切忌坐着与对方握手，那会令对方感到被轻慢，而难以将后续的交流良好地进行下去。

▲在与女性握手时，尤其要注意握手的时间与力度

握手的魅力

玛丽·凯女士（1919—2001）是美国玛丽·凯化妆品公司的创始人，如今她的公司已拥有员工20余万人。在其成功之前，她曾是一名推销员。在她多年的从业经历中，有着难以尽数的失落与艰辛，婚变、失业、被冷落……但恰恰是这些磨难成了她日后成功的原动力。作为其企业文化的一部分，每一位新加入玛丽·凯的员工都会得到一块刻有玛丽·凯"金科玉律"的大理石，上面刻着：你愿意别人怎样对待你，你就要怎样对待别人。这与她的一次难忘的握手经历不无关系……

有一次，销售经理召集所有销售人员开会，经理在会上发表了非常鼓舞人心的言论。会议结束时，大家都希望同经理握握手以示敬意。

于是玛丽排队等了3个小时，终于轮到她与经理见面。经理在同她握手时，甚至连瞧都没瞧她一眼，而是用眼睛去瞅她身后的队伍还有多长，甚至都没意识到他是在与谁握手。善良的玛丽理解他一定很累，可是自己也等了3个小时，同样很累呀！

自尊心受到伤害的玛丽暗下决心：如果有那么一天，有人排队等着同自己握手，自己将把注意力全部集中在站在她面前同自己握手的人身上——不管自己多累！

正是凭着这样的决心，玛丽虽是化妆品行业的门外汉，但她不断去握化妆品专家的手，去握广大美容顾问的手……终于创建了玛丽·凯化妆品公司，逐渐在世界上声名鹊起。玛丽也赢得了她心中那种握手的机会。

她多次站在队伍的前头，同数百人握手，常常要持续好几个小时。无论多累，她总是牢记当年自己排那么长的队等候同那位销售经理握手时所受到的冷遇，她总是公正地对待每一个人。如有可能，总是设法同对方说点什么。也许只同对方说一句话，如"我喜欢你的发型"或"你穿的衣服多好看啊"等。她在同每一个人握手时，总是全神贯注，不允许任何事情分散她的注意力。

这样的握手，会使数百人觉得自己是世界上最重要的人。

因此，她的公司就这样成了全世界重要的公司之一。

▲坚强的玛丽·凯毕生充满对生活的热爱，她的信条是：信仰第一，家庭第二，事业第三

几种见面时常见的礼节

拱手礼

拱手礼即中国旧时的作揖。亲朋好友聚会、聚餐或祝贺、登门拜访、开会发言等，见面时相互都会施以此礼。拱手礼行礼时，是行礼者首先立正，两手合抱前伸，然后弯腰，并将合抱的双手上下稍做晃动。行礼时，可向受礼者致以祝福或祈愿，如"恭喜发财""请多关照"等。自己握住自己的手摇，代替握别人的一只手摇。

来华的外国人认为这种礼节东方气息浓厚，既文明又有趣。现在一般用在非正式场合或气氛比较融洽时，如春节拜会、宴会、晚会等。

吻手礼

吻手礼是欧美男士在较为正规的社交场合以亲吻女士手背或手指的方式，表示敬意的一种隆重的见面礼。做法：男士行至女士面前，先立正欠身致敬，然后以右手或双手轻轻抬起女士的右手，同时俯首躬腰以自己的双唇靠近女士的手，用微闭的嘴唇象征性地轻轻触及一下女士的手背或手指。行吻手礼通常仅限于室内，在街道上或是车站、商店等公共场所均不适用。对未婚少女是不行此礼的，它主要被男士用于向自己敬爱的已婚妇女表示崇高的敬意。

吻手礼的吻只是一种象征，故要求干净利索、不发声响、不留"遗迹"，否则就显得无礼。

在波兰、法国和拉美的一些国家里，向已婚女士行吻手礼是男士有教养的一种标志。一般情况下，中方女士遇到外方男士在社交场合向自己行吻手礼是可以接受的。若推辞逃避，或是面红耳赤地不知所措，会让对方感到难堪。

合掌礼

合掌礼在东南亚和南亚笃信佛教的国家里十分流行。做法是：面对受礼者，两个手掌在胸前对合，五指并拢向上，手掌向外侧稍许有些倾斜，然后欠身低头，并口中祝福。

通常合掌礼的双手举得越高，表示对对方的尊敬程度越高。向一般人行合掌礼时，合掌的掌尖与胸部持平即可，若是掌尖高至鼻尖，那就意味着行礼者给予了对方特别的礼遇。唯有面对尊长时，行礼者的掌尖才允许高至前额。

在以合掌礼作为见面礼的国家，人们认为合掌礼比握手礼高雅，而且要卫生得多。因此，当别人向我们施以这种礼时，应尊重对方的习俗，以同样的礼节还礼。

除以上介绍的几种见面礼外，还有缅甸人常用的跪拜礼，尼泊尔、斯里兰卡、也门及波利尼亚等地盛行的吻足礼，以及盛行于西亚与北非沙漠地区和新西兰毛利人的碰鼻礼。见面礼虽多种多样，且各自的讲究也不尽相同，但最重要的是行礼者要做到心中有数，真诚热情，用心专一。

介绍的礼仪

随着各种媒体、资讯的日益发达，我们的生活圈子也变得越来越大了，如今我们交往的圈子早已突破了家人、亲戚、邻居、老师、同学、笔友等的界限，网友、会友、车友等越来越多地出现在我们的生活中，参加各类聚会也变得越来越普遍了。相信你一定深有体会：在与人交往的过程中，介绍与自我介绍是何等的重要。一个精彩的、幽默的、恰如其分的介绍或是自我介绍，不仅会将自己或自己的朋友出色地展示在众人面前，而且也会让我们结交更多的朋友，这是一件多么令人快乐的事情啊！

那么，怎样才是正确的介绍与自我介绍的方法呢？在这个过程中，我们又应该注意哪些问题呢？

▲ "大家好，我叫周琳墨，这是我的哥哥。"

● 自我介绍

在聚会上或是其他公共场合，我们常会遇到这样的情况：希望结识某一个人，却又找不到适当的人介绍，这时自我介绍就变得非常重要了。

有时候，我们会通过电话邀约从未谋面的陌生人。比如：电话邀请某位学者来校讲座；打电话给服务人员要求送餐、维修等；打电话给朋友，恰是他（她）的父母亲接听，这时要向对方介绍自己的基本情况。

演讲、发言前，面对听众时；到了新的学校、团体，面对新的同学、朋友时，更是要做自我介绍，而且最好既简明扼要，又彰显特色，利用"首因效应"，给听众一个良好的第一印象。

那么，怎样才算是完美的自我介绍呢？

◆ 在适当的时间所做的自我介绍

进行自我介绍应选择适当的时间，最好选择在对方有兴趣、有空闲、情绪好、干扰少、有要求的时候。如果对方兴趣不高、工作很忙、干扰较大、心情不好、没有要求、休息用餐或正忙于其他交际之时，则不太适合进行自我介绍。

并且，进行自我介绍一定要力求简洁，尽可能地节省时间。通常以半分钟左右为宜，如无特殊情况最好不要长于1分钟。这样，既节省了时间，又有利于对方记住你，因为过多的信息反而会干扰对方的记忆。

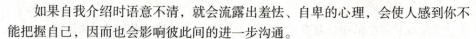

◆ 语意清晰、充满自信的自我介绍

自我介绍时，镇定而充满自信、清晰地报出自己的姓名是必须的，并要善于使用肢体语言表达出自己的友善和真诚。

如果自我介绍时语意不清，就会流露出羞怯、自卑的心理，会使人感到你不能把握自己，因而也会影响彼此间的进一步沟通。

◆ 内容繁简适当的自我介绍

自我介绍通常可包括姓名、籍贯、职业、职务、工作单位或住址、毕业学校、经历、特长或兴趣等内容。

自我介绍时，应根据不同的交往目的决定介绍的繁简，不一定把上述内容都逐一表达出来。如果繁简选择不当，就会造成对方难以了解到想要了解的信息，或者烦琐的介绍令对方生厌，这都会直接影响到后续交流的顺利进行。

◆ 恰如其分的自我介绍

自我介绍时一般不宜用"很""第一"等表示极端赞颂的词语，但也不必有意贬低自己，关键在于掌握好分寸，一定要实事求是。过分谦虚、一味贬低自己去吹捧别人，或者自吹自擂、夸大其词，都是不可取的。

◆ 彬彬有礼的自我介绍

自我介绍时，一定要注意语气与态度。

态度要保持自然、友善、亲切、随和，整体上讲求落落大方，忌讳妄自菲薄、心怀怯意。应正视对方、从容不迫。

语气要自然，语速要适当，语音要清晰。在长者或尊者面前，语气应谦恭；在平辈和同事面前，语气应明快、直截了当。生硬冷漠的语气、过快过慢的语速、含糊不清的语音，都会严重影响自我介绍的效果。

一段完美的自我介绍，在交往的开始即为自己树立一个良好的形象，会为你之后与对方交流打下良好的基础。这更像一项技能，除性格因素的决定作用外，还需要多次的练习，以克服自己的心理、语言等障碍。

☀ 如何为他人介绍

我们在日常生活中与人交往，常常是通过第三者的介绍而与陌生人结识并成为朋友的。每个人都有可能充当被介绍者或成为他人的介绍者。为他人做介绍时应遵循以下基本礼仪原则。

◆ **在向他人介绍时，先了解对方是否有结识的愿望。**

最好不要向你的朋友介绍他不愿结识的人，如果执意为之，只会让你的朋友感到厌烦，甚至可能会因此影响你与朋友间的交往。

◆ **注意介绍次序。**

无论在日常生活中还是在正式的社交场合，通常应该把客人介绍给主人；把晚到者介绍给早到者；把年轻者、身份地位低者介绍给年长者、身份地位高者；把年龄、职务相当的男士介绍给女士；把年龄低、未婚者介绍给已婚者。在集体介绍时，可以按照座位次序或职务次序进行。当在实际过程中上述的原则有冲突时，如年长者或位尊者同时可能是晚到者时，就要遵守"先向尊者介绍"的原则。

◆ **为两方做介绍时，应该多使用敬辞。**

在比较正式的场合，介绍时的用词也比较郑重，一般以"×××，请允许我向您介绍……"的方式介绍。在非正式的场合则可以随便些，可用"让我介绍一下"或"我来介绍一下""这位是……"的句式。介绍时要清晰地说出恰当的称谓，有时还可用一些定语或形容词、赞美词介绍对方，如果是业务介绍就要先提到组织名称、个人职衔等。例如："您好，张老师，我来介绍一下，这位就是我英俊的爸爸，七美广告公司经理许三多。"

◆要注意手势和表情，并及时得体地给予回应。

被介绍时，眼睛要正视对方。除年长或位尊者外，被介绍双方最好站起来点头致意或握手致意，同时应说"您好，认识您很高兴"或"真荣幸能认识您"等得体的礼貌语言。

礼仪故事

主动向陌生人伸出友好之手的罗斯福

有人说，杰出者与平常人的主要区别之一，就是杰出者认识的人比平常人多得多。而杰出者之所以能够认识更多的人，就是因为他们总是乐于和陌生人交往。从这一点上看，做一个杰出者并不难，只要你能主动地把手伸给陌生人就可以了。

美国前总统罗斯福是一个善于和人交往的能手。在早年还没有被选为总统的时候，有一次参加宴会，他看见席间坐着许多不认识的人。如何使这些陌生人都成为自己的朋友呢？他稍加思索，便想到了一个好办法。

罗斯福找到了自己熟悉的记者，从那里把自己想结识的人的姓名、情况打听清楚，然后主动走上前去叫出他们的名字，并和他们谈一些他们感兴趣的事。此举使罗斯福大获成功。后来，他运用这个方法为自己竞选总统赢得了众多的有力支持者。

亲爱的朋友，懂得怎样无拘无束地与人结识是人们必备的一项社会生存技能，这能使我们扩大自己的朋友圈子，并使生活变得更丰富。

▲善于与陌生人交往的罗斯福

克服心理障碍，大声向陌生人 say "Hi" ↘

在我们的生活和社会交往中，经常会遇到陌生人，而怎样向陌生人介绍自己并迅速与他们建立起一个良好的人际关系，是每个青少年在人生之路上必须经历的一个过程。

其实，向陌生人介绍自己最大的障碍，就是自己的"心理障碍"。只要你回忆一下别人主动与你交谈时你内心的激动，就会明白无论是认识别人还是被别人认识，都是一件令人愉快的事情。

你可能有过这种经历：在一个相互都不熟悉的聚会上，90%以上的人都在等待别人来与自己打招呼，而他们也许认为这样做是最容易也是最稳妥的。但剩下不到10%的人则不然，他们通常会走到别人面前，一边主动伸出手来，一边大方地自我介绍。

主动向别人打招呼、表示友好的做法，会使对方产生"他乡遇故知"的美好感觉和心理上的信赖。如果一个人以主动、热情的姿态走遍会场的每个角落，那么我们相信：他（她）一定会成为这次聚会中最重要、最知名的人物。

不过，这对于一般人来说做起来并不容易。在现实生活中，许多人似乎都有一种"社交恐惧症"，其集中表现就是不愿意主动向别人伸出友谊之手。

美国著名记者怀特曼指出，害怕陌生人的这种心理任何一个人都会产生。例如，在聚会上我们想不到有什么风趣或是言之有物的话可说的时候，很容易就会对眼前的陌生人产生畏惧感。实际上，无论何时何地，只要我们遇到了素不相识的陌生人，心里都会七上八下，不知道该怎样打开话匣子。

然而，仔细设想，我们的朋友哪一个不是原来的陌生人呢？正因如此，所以怀特曼又说："世界上没有陌生人，只有还未认识的朋友。"假如运气好的话，和偶遇的陌生人或许还会发展成为无话不谈的挚友呢。

要想克服"社交恐惧症"，先要克服的就是自卑感。哲人说："自卑就像受了潮的火柴。再怎么使劲，都很难点燃。如果一个人总是表现得犹犹豫豫、缩手缩脚，别人自然也认为你是怯懦的，而不愿和你交往。"

自卑不仅会使自己陷于孤独、胆怯之中，而且会造成心理压抑，受这种心理的支配，人们就会越来越不敢主动去和陌生人交往，进而变得越来越封闭。

克服自卑的方法有很多，最有效的就是对自己进行"心理暗示"。

比如，在与陌生人交往感到恐惧时，你不妨想一想：我的社交能力虽然还不够好，但别人开始时也是这样的，不管做什么事，开始时都不见得能做好，多做几次就会好了，其实大家都是一样的。从而鼓励自己大胆去尝试一下。

问题的关键在于，你必须敢于走出与陌生人交往的第一步。实践出真理，练习多了自然就不会再感到害怕、胆怯、腼腆、羞涩了，这样就可以使自己的社交能力大大提高。

对待残疾人的礼仪

每个国家都有弱势群体存在，残疾人则是弱中之弱，他们的生存状态是一个国家文明程度最具代表性的反映。因此，到一个国家不用看建筑有多么高大，场馆有多么奢华，只要看看残疾人设施是不是随处可见，再看看他们脸上的表情，是安详还是焦虑，是快乐还是阴郁，你就能对这个国家的社会状况判断出个大概了。

残疾人这个特殊群体的情况很复杂，残疾部位不同，形成的原因不同，每个人的经历差别就更悬殊了，所以有不少人在长期的实践中经过艰苦的磨炼，锻炼了他们的意志，培养了超过常人的心理承受能力，增强了信心和勇气，造就了吃苦耐劳、奋斗不息的品格，为社会做出了贡献。

张海迪和海伦·凯勒就是残疾人群体中最为突出的代表，尤其是海伦·凯勒，她以其勇敢、非凡的独特方式震撼了世界，令人们对她的敬慕之心油然而生。

但是，对于大多数残疾朋友来说，身体原因使得他（她）们在学习、求职、工作、生活等问题上遇到更多、更大的困难，从而造成了他们的心理

▲海伦（左）就是在老师莎利文（右）的帮助下，重新拾起了生活的勇气与信心。有时我们哪怕是一个尊重、关爱的眼神都会令他们感到温暖，我们有什么理由拒绝呢？

帮助他人时，掌握好分寸

当你在车水马龙的街上遇见盲人欲过马路时，应该快步走到他身旁，友好地说明自己的身份，征得他的同意后再帮助他穿过马路。

需要注意的是，因为残疾人通常都很好强，他们反感别人怜悯他们，如果不征得他们的同意就上前帮忙，很有可能会被拒绝，甚至听到些刻薄的话，反而会使你陷入尴尬局面。

对待残疾人要更多一些理解、关心和耐心，一定要用平等的、友好的态度发自内心地与他们交往，给予他（她）们最需要的帮助。

▲不要小看了这不起眼的坡道，是它们让乘轮椅的朋友们出行成为可能

状态有异于正常人，如性格比较内向、自卑感强，内心胆怯、害羞、怕与人交往，甚至形成了孤僻、古怪的性格。有些人因此而轻视他（她）们，甚至嘲笑、嘲弄他（她）们，这都是非常没有教养的行为，不仅伤害了那些身体存有缺陷的朋友，同时也令自己在众人面前显得浅薄、无礼。

因此，对待残疾人要根据他们的心理特征和具体情况进行交流沟通，在很多地方要有别于对待健全人的礼仪要求。

◉ 在交谈时

当与残疾人谈话时，要特别注意回避与其生理缺陷有关的词语和内容。能够交谈的话题很多，何必要刻意去讨论这类有可能会伤及对方心灵的问题呢？聊聊彼此都感兴趣的话题，让交谈变得更加愉快、深入，岂不更好吗？当然，如果遇到专门要讨论关于残疾人群的话题那就另当别论了，但在这个时候，我们就要注意另一个问题了，那就是用词。

我们在称呼上一定要做到尊重、亲切。千万不能叫"李瞎子""张跛子"之类，就是再熟悉的人也不要这样称呼，即使你是想要开个玩笑或是活跃一下气氛。

当有残疾人在场的时候，如果不可避免地要提到与之疾患有关的话题，一定要尽量使用委婉语，如用眼疾或盲症指视力障碍、用重听指听力障碍、用腿疾或脚疾指下肢不健全用雨人指自闭症患者……先前的残疾人奥运会如今也已改称特殊奥林匹克运动会，全世界、全社会对这一特殊人群所给予的关注与关爱，由此细节便可见一斑。

◉ 在眼神上

与残疾人相遇时，你的目光很重要，若不注意必定会刺痛他们的内心，因此必须要做到以下两点。

◆ 要用正常的目光看待

千万不要一看见残疾人就显露出奇怪的样子，因为你的好奇心驱使，有可能会让对方感觉受到了歧视。

◆ 不能把目光停留在他们的残疾部位

如果事先不知道，看见后应该很快把目光移开；如果事先知道的话，根本没必要注视其残疾的部位。有的人见到陌生人后，习惯性地要把对方上下打量一番，这对健全人来说也许算不上是什么无礼的举动，但是绝对不要用这样的眼光去打量残疾人，因为他们中的大多数人原本就会由于身体的残疾而感到不如常人，如果再被人仔细地上下打量，无疑会给他（她）们带来更大的心理压力和思想负担，很可能会伤害到他们的心灵。

我们尽量给这些不幸的人们一些力所能及的帮助，不但让他（她）们更多地感受到人们的关爱，也会让我们在帮助别人的同时体会到快乐，完善我们的情操与人格。

067

◀对他人的关爱就
如同午后的阳光，
娴静又无比温暖

对待老人的礼仪

孝敬老人是我们中华民族的传统美德，有句古话说："人生在世，孝字当先。"有的地方也这么说："作为人子，孝道当先"。

老年人曾经是社会的中坚力量，即便是如今年老了，他（她）们依然凭借自己丰富的阅历、经验及尚存的体力为社会、为后辈做贡献，大到为国家、社会的各项科学、文化、政治事业的发展献计献策、培养新生力量，小到为家庭洗衣、做饭、照顾晚辈……

老年人就像是一片亮丽的晚霞，在黑暗来临前依然照耀着地上的人们，灿烂、温暖、安详而静谧。年轻时，他（她）们的怀抱曾经养育了后代；年老时，他（她）们的怀抱依然是后辈最安全的避风港。作为晚辈，有什么理由不尊重他（她）们、不给予他（她）们最高的礼遇呢？

诚然，如古书上所说的卧冰求鲤、尝粪忧心、老莱娱亲、刻木事亲、恣蚊饱血不免太过夸张，到如今也已不合时宜，但其中所包含的孝敬父母的思想，的确是值得我们传承的。

孝敬、尊重老人绝不是要求年轻人为他（她）们做出什么轰轰烈烈的大事情，而是要让年轻人从身边的点滴小事着眼、入手，给予老人最贴心、最温暖的关怀，哪怕是一句亲切的问候、一杯暖暖的香茶、一次温暖的搀扶、一个灿烂的微笑、及时伸出一双帮助的手……

孝敬老人不单纯是要孝敬自己的父母，而是应该扩展到我们身边所遇到的所有的年长的人。"老吾老以及人之老"便是这种思

▲ 儿时的我们柔弱、无助，父母温暖的胸怀就是我们全部的天堂，我们慢慢地长大了，稚嫩的肩膀变得越来越坚强，那也一定是父母可依可靠的温暖港湾

068

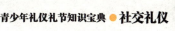

想的体现，科学技术、文化思想发达至此，我们的觉悟怎可落后于古人！

事实证明，社会越发展、全社会的文明程度越高，尊老、敬老的风气也就越浓。这是社会主义精神文明的一个显著标志。

亲爱的朋友们，相信尊老、敬老也一定是我们共同的美好愿望，那就让我们一同努力，为这个美好的世界再添些亮丽的色彩吧。

● 礼貌的称谓

无论在哪里，当我们见到老年人时，都要使用敬语，即使是相熟的自家长辈、邻居都是一样。有的人认为都是一家人，或街坊邻里的太熟悉了，用不着这么多"讲究"，便开口闭口"老头儿""老太太"地称呼，这同样是非常不礼貌的表现。对于陌生人，就更不用提了，如此没礼貌的称呼，只会招来对方甚至旁人厌恶的白眼。在不尊重对方的同时，也令自己斯文扫地。

有这样一则笑话：有一个年轻人到了一个陌生的城市，他迷路了。正在着急的时候，恰巧看到一位老伯拄着拐杖走过来。

年轻人急忙上前问道："嗨，老头儿，去平安街怎么走啊？还有多远啊？"

老伯看了看年轻人，说："顺着这条路往前，走 500 拐杖再往东，再走 40 拐杖就到了。"

原本就因为迷了路而急躁的年轻人懊恼不已，生气地说："你这老头儿怎么回事啊？成心捣乱是不是？说路应该按里，懂不懂？"

老伯听了，同样气愤地说："按里？按理（里）你应该叫我大爷！"

年轻人听了，一下子羞得满脸通红，连连向老伯道歉。

朋友们，从这个故事里，你看到了什么呢？

● 在公共场合遇到老人时

当你在公共汽车上、地铁里遇到老年人时，上下车一定要主动让老年人先行，或帮助拿一下东西、扶一下等，并应该有礼貌地主动让座。即便是这时候

开口讲话也要先使用敬语，比如："老伯，您来坐在我这里吧""大妈，东西这么重，我来帮您提吧"……

当我们在街道上、商场里、公园中等公共场合遇到老年人时，同样应该注意礼让。老年人由于年龄所限，行动有时可能会缓慢些，我们应该给予充分的理解，切不可因为赶时间就一味地催促、用力拥挤，甚至用手推搡，这不但是极端无礼的行为，也可能会给老年人带来不必要的伤害。

这些事情看起来虽然很微小，但是却能表现一个人的精神风貌和内在涵养。你做到了哪些，哪些又是你没有做到的呢？静心反省一下，从现在开始，让我们共同努力，做得更好吧。

网络礼仪

　　网络礼仪是指在网上交流信息时被嘉许的各种行为。在因特网上，由于各种环境因素，当你与他人交流时，对方未必能够完全正确地理解你所表达的意思，很容易陷入"言者无意，听者有心"的困境。所以，必须注意自己的言行举止。

　　无论你对自己的礼仪有无信心，都请阅读此网络礼仪指南。

● 文明上网，坚决杜绝以下行为

◆ 盗用他人 ID 与各类密码的行为。

◆ 恶意散布各类不良信息的行为。

◆ 妨碍网络系统安全的行为。

◆ 沉迷于网络游戏的行为。

◆ 侵害他人隐私的行为。

◆ 中伤、诽谤他人的行为。

◆ 登录非法网站的行为。

071

▼文明上网会令我们的生活更加丰富多彩

怎样写电子邮件

亲爱的朋友，每个人的时间与注意力都是有限的，电子邮件的内容越精简越好，不仅可以节省自己的时间，更能吸引收件人的注意，提高响应的概率，否则你的电子邮件很容易被对方删除。你必须利用最小的空间、最少的文字来传递最多、最重要的信息，而且必须方便阅读，节省对方宝贵的时间。

那么，我们该如何做呢？一般信件的文字必须限制在约 8 cm×13 cm 的空间范围内，大约是一张照片的大小。因为对于接收信息的人来说，这样的空间可以令其在 2~3 秒钟的时间内就能迅速浏览完全部的内容，而不需要费劲地再去卷动画面。

你该如何利用这有限的空间来写电子邮件的内容呢？

——每一封电子邮件的内容在 8~12 句的范围内。

——超过 20 个字就应换行。

——如果超过 3 行必须空行。

"最容易阅读、理解与回复的信件，最吸引我的注意。"这是一位资深主管对于电子邮件使用习惯的回答。

▲ 沉迷于网络游戏不只浪费时间，也会对身心造成伤害

交往礼仪

PART 3

礼仪的目的与作用在于使本来的顽梗变柔顺，使人们的气质变温和，使他尊重别人，和别人合得来。

——约翰·洛克

迎来送往

在我们的生活中，迎来送往是常常会遇到的事情。这个"迎来送往"简单地说，就是"待客"，恰到好处地处理待客之道，在客人面前展现你彬彬有礼的姿态十分有利于主客间的深入交往。那么，怎样才是恰到好处的待客之道呢？

● 当客人到来而被访者不在时

首先，要及时告诉来访者：被访者去了何处及何时才能回来；其次，要简单地做自我介绍；最后请客人留下姓名、电话等资料，以便把来访者的身份告知被访者。

这时，若来访者愿意等待，你可以热情地将其迎进室内，给客人提供饮品、杂志等，并且尽可能地及时为客人的饮品续杯。如果你本身也与客人十分熟悉，就应和客人闲聊几句，使等待不至于太过无聊，但这并不是必须的，要看你自己的时间是否允许，还要看客人是否有闲聊的愿望。有时，牵强的闲聊只会让双方都感到尴尬。

要注意的是：如果你的年纪尚小，一定要有安全意识——无论来访者是否与你或你的家人相熟，都不要请客人进入室内，只需请他（她）与被访者联络好改日再来即可，以免发生不愉快的事情。

▲ "一定要记住：大人不在家，谁来都不能开门！"

● 当被访者不能马上与来访者会面时

如果被访者有其他的事情不能马上与客人会面时，你要向客人简明扼要地讲清理由及其需等待的时间，并应询问来访者是否愿意等待。如果客人愿意等待，就可依上述的方式进行处理，否则也要依上述的方式，简单地做自我介绍后记下来访者的姓名、电话，以转告被访者。

● 怎样接待不同民族的来访者

中国是一个多民族的国家，民族文化丰富多彩，但这无疑也给我们在待客方面提出了更高的要求。

如果是事先便已知道来客是少数民族，那最好是在宾客到来前就查阅一下该民族相关的风俗习惯及民族禁忌，以避免在接待、交往过程中做出令对方不快的举动。如此，既体现了对对方的尊重，令对方倍感亲切，又丰富了自己的知识及后续的谈资，会令交谈更加融洽、愉快。

如果是在偶然中得知对方是少数民族，就要及时地询问对方有何禁忌。如果在先前的交往中已经做出了触及对方禁忌的举动，就应及时向对方道歉。这是尊重对方的一种做法，丝毫不会让对方觉得你无知或是无礼。

● 各种场合中的待客之道

在各种场合，我们都有可能以主人的身份接待宾客，而且在不同的场合，应该有相应正确的做法。但是，无论何种场合，有一件事都是要立刻去做的——及时带领客人到达其所要去的目的地。

◆ 在走廊时你应该怎样待客

接待人员在客人二三步之前，配合步调，让客人走在内侧。

◆ 在楼梯时你应该怎样待客

当引导客人上楼时，应该让客人走在前面，接待人员走在后面；若下楼时，应该由接待人员走在前面，客人走在后面。上下楼梯时，接待人员应该时刻注意客人的安全。

◆ 在电梯里时你应该怎样待客

引导客人乘坐电梯时，接待人员应先进入电梯，等客人进入后再关闭电梯门。到达时，接待人员应及时按"开"的按钮，让客人先走出电梯。

◆ 在客厅时你应该怎样待客

当客人走入客厅，接待人员需用手指示，请客人坐下，看到客人落座后，再行点头礼离开。如客人坐错位置，应请客人改坐上座（一般靠近门的一方为下座）。

拜访礼仪

◉ 拜访时的注意事项

◆ 预约拜访要守时

当你预约去拜访他人时，要严格遵守约定的时间，要准时前往，不要提前太多到达，以免主人因未准备好而感觉尴尬；不可迟到，更不可失约，如有特殊原因造成不能按时前往或失约，要及时告知对方并向其说明情况，同时请求原谅，避免对方因等待太久而心生恼怒。

◆ 选择适当时间到朋友家做客

要注意选好拜访时间，尽量回避被访者用餐及休息（特别是午休的时间）时间。不管是多么熟悉的朋友，如果要拜访对方都应提前与对方预约，贸然前往是很不合礼节的。一来你的贸然拜访会令对方措手不及，尤其是在对方已有安排的情况下；二来，如果恰逢对方不在，也会令你徒劳而返。

◆ 有礼貌的会面

拜访他人时，仪表要整洁、端庄，以表示对对方的尊重。

到拜访对象门前时，要轻轻敲门或按门铃。这时要讲究敲门的艺术，通常要用食指敲门，力度适中，间隔有序敲三下，等待回音；如无应声，可再稍加力度，再敲三下；如有应声，再侧身隐立于右门框一侧，待门开时再向前迈半步，与拜访对象相对。

主人听到敲门或门铃声出来后，互相问候再进屋，不可门开即进；即使门大开着，也不可直入屋内，而应在门口说一声："请问×××

▲ "叔叔，我们来找大伟，请问他在吗？"

在吗?"忌问"里面有人吗?"

进门后,要将自己的帽子、大衣、手套、雨具等交给主人处理,如果主人家屋内是地毯或木地板铺地,则应向主人要求换拖鞋。

进入室内后,要向长者、熟人及其他先来的客人打招呼,待主人安排座位后就座;主人端茶点等招待时,要等年长者和其他客人取过之后自己再取用,并要起身道谢、以双手接拿,以示对主人的尊重与谢意。即使是在最熟悉的朋友家里,也不要过于随便。

◆适时地告辞

拜访时间不宜过长,以免打扰对方的正常作息,如午休、就寝等。切忌对方已面露倦容或是对话题毫无兴致时,你还在饶有兴致地大谈。起身告辞时,要向拜访对象表示"打扰"之歉意。出门后,回身主动与被拜访者话别,并说"请留步"等。待主人留步后,走几步再回首挥手致意"再见"。

▲在朋友家做客,无论是聊天还是看电视,都不要太晚,以免影响对方休息

☀ 不同场合的访客之道

◆在朋友家留宿

当你遇到在朋友家留宿的情况时,一定要注意礼仪上的一些问题,比如:一定要注意个人卫生;不要与朋友聊天太晚,以免影响对方休息;在客厅看电视时,不要依着自己的喜好频繁转换频道;如果是在异性朋友家里,更要注意交往的安全,以防发生意外。

◆到办公室拜访

如果你去办公室拜访对方,先要与对方电话沟通,征得对方同意后再去拜访。这样做可以避免因对方不在,或者对方正在忙一些其他的事情而没有时间接待你的到访。

◆到宾馆拜访

如果你所拜访的人住在宾馆,要及时向对方询问清楚是在哪家宾馆及房间号。如果没有对方的电话,只知道对方所住的宾馆,可以用电话联系宾馆的服务台,并准确地向服务人员报出自己所要拜访者的姓名,查到对方的房间号的电话

▼在朋友家做客，看电视时不要只顾依据自己的喜好频繁转换频道。

后应该事先与对方做一次电话联络，经对方允许后再前往拜访。

当你拜访时主人不在怎么办？

我们在生活中常常会遇到这样的情况：当你去拜访某人时，因为没有及时与对方取得联系或没有对方的联系电话，所以当你到达时对方恰好不在。如果遇到这样的情况，你应该有礼貌地向其他人问询，并把自己的姓名及与要拜访人的关系告诉对方，这样当对方得知情况后，就会及时与你联系。

邀请礼仪

在日常活动中，邀人做客是最常见的人际交往形式。我国自古就有广交朋友、热情好客的传统。广交朋友是人生一件乐事，热情好客是胸怀坦荡、谦恭文明的美德，早在《论语》中就有"有朋自远方来，不亦乐乎"的佳句。

邀请和约会，十分讲究礼仪，可以说是一门艺术。俗话说："主雅客来勤。"宾主之间圆满的礼仪形式，可以建立良好的人际关系，使交往的双方进一步增进感情，让交往更加和谐、深入。

● 明确邀请的目的

邀请的目的是多种多样的：可以是请人协助，可以是参与某项礼仪活动，可以是交流学习心得，还可以是研究讨论工作、学习中遇到的难题……

如果要举行某项礼仪活动，就要考虑得更加周到、全面些，相关的亲朋都应尽量邀请到。即使明知对方不能前来，也要发出友好的邀请，并希望对方尽量前来，但千万不要强求，以免对方为难。

● 邀请的方式

邀请有口头邀请和书面邀请，要根据内容和具体情况确定采用哪一种方式。

口头邀请，可以当面邀请、电话邀请或托人带口信邀请。口头邀请形式简单、方便，但语言要庄重、诚恳，否则对方会以为你并不认真，没有诚意或仅是客套而已，

下周五我生日，大家都到我家做客吧

那样会令对方感觉受到怠慢而对后续的交往产生负面影响。

比较庄重、盛大的活动一般都通过正式的书面邀请函，即用请柬邀请。邀请内容复杂、需要用较多文字说明的，可以用邀请信。邀请函、邀请信可以邮寄，也可以派人送达，对长辈、前辈等最好由主人亲自送到被邀请人的手中，以示尊重和隆重。

对于那些比较重要的邀约对象，或是场地对参加人员有较为严格限制的聚会，在邀请函发出后，还应及时电话联络受邀方，一来确认邀请函是否收到，二来确认对方是否可以前往，以利于邀约者能够更好地掌控聚会的状况。另外，在电话联络过程中再一次以言语真诚地邀请对方，会令邀约显示出加倍的真诚与隆重。

☀ 如何正确地使用请柬

请柬，俗称请帖，是专为邀请客人而发的书面通知，是一种简单明了的书信，是为了表示对客人的礼貌、尊敬而使用的一种帖式。在我国的民俗中，以往常用送帖的方式处理交往事务、密切人际往来。

现在的请柬，通常用硬质的卡片纸制作，分为封面、内文两部分。

▶ 请柬是最常见和正式的邀请方式

结婚请柬

◆ 对于请柬的要求

请柬是一种对客人表示礼貌的帖式，所以在制作时，应尽量精致，以表现出郑重的态度，一般要求包括以下几方面：

封面注重款式设计，要美观、大方，使客人收到后倍感亲切、快乐。

内文的文字，既要准确简明，又要措辞谦敬文雅、感情真挚浓重。

送请柬不要过早或过晚，免得对方忘记或措手不及。

如果是请人观看演出等，应将入场券附上。

◆ 封面格式

若是能够亲手制作请柬，是最好不过的了。这样既可表示出邀约方的真诚、对受邀者的尊重，又显得新意盎然。正中间用大字醒目地写上请柬或请帖二字，可用毛笔手写，也可采用美术字形式。当然，如果是购买印刷品，这个步骤就可省去了。

有的还可用小字写上活动内容，如××纪念会、联欢晚会、生日晚会等。

◆ 内文格式

第一行顶格写被邀请人的姓名和称谓（也可不写）。

中间空两格写活动内容、时间、地点等。

结尾写祝颂语。

最后署上邀请人的姓名及发出请柬的时间。

● 邀请的注意事项

◆ 事先征得家人同意

在邀请客人之前，先应征得家庭成员的同意，包括老人和孩子的意见。每个人，包括"家长"，都不应该在家人不知道、不同意的情况下突然邀请朋友来访。因此，除非特殊情况（比如恶劣天气或突发事件等），否则不要贸然决定邀请朋友到家中做客。

◆ 提前发出邀请

如果你准备邀约某人前往参加某项活动，那一定要提前通知对方，时间以 3 天左右为宜，不要搞"突然袭击"，这体现了对邀约对象的尊重。无论是口头邀请还是下请帖，这个礼数必不可少。反之，如果活动前一两天才通知受邀对象，一方面会让对方措手不及，打乱对方已有的时间安排，另一方面也有可能令受邀者对你的"诚心"感到怀疑，甚至以为你略有轻视他的意思。

总之，无论邀约对方参加的是隆重的婚宴，还是简单的下午茶，你都一定要及时发出口头的或书面的邀请。

☀ 当你被邀请时

接到邀请应及时予以答复。如：因故不能前往，一定要先感谢对方的邀请，然后向对方说明不能前往的原因；能前往，也要先感谢对方的邀请，然后核实时间、地点及邀请人员范围并注意着装。

不要答应了对方的邀请而届时未到。如临时有变故，一定要以口头或书面形式及时通知对方，除真诚地道歉外，还应告知对方爽约的原因。

082

回复邀请函的写法 ↵

受到邀请而及时答复，是起码的礼节。复信要写得热情、诚恳、简洁。对正式邀请，通常用第三人称答复，不用签名，内容简短；对非正式邀请，通常用第一人称答复，要签名，而且要有一个较大的段落，或分成几小段，内容包括以下几方面。

感谢对方的邀请；

愉快地接受对方的邀请；

表示期待应邀赴约的愉快心情。

谢绝邀请的礼仪

在日常的人际交往中，我们总会遇到一些为难的事情。

例如：有同学约你外出游玩，可你因有其他事情而不能同往；有人送给你礼物，你又不好接受；父母出于疼爱，帮你做某些事情，但你又不愿让父母代劳……面对这些"难题"，有时我们不得不使用谢绝的语言。

人们都不愿意自己的愿望遭到拒绝，一个断然的"不"字，更会有伤情面。所以，谢绝的语言要格外注意礼貌、分寸。

● 以感谢的态度婉言谢绝

如果对方发出游玩的邀请或赠送礼物等，而你出于某种原因需要谢绝时，要感谢对方的热情、友好，表示非常高兴接受这份感情。如："非常感谢你对我的关心。你这番好意我心领了！""谢谢你的好意！"……这样一来，对方即使被回绝，也觉得你是个通情达理的人，因为你理解了他的美好用意。

083

● 以诚恳的致歉婉言谢绝

当你不想接受对方的邀请时，应该礼貌地说："对不起，让您失望了！""很抱歉，我实在不能……""请您原谅……"为不能满足对方的愿望而致歉是非常必要的。这些话绝非可有可无，没有它，将使你显得高傲而不近人情。

● 寻找借口要得当

找一个借口来谢绝对方并不是不礼貌。事实上，借口是生活中必不可少的。在许多情况下，要拒绝对方的某一要求而又不便说明理由时，不妨找个恰当的借口（或称"托辞"），以正当的、不至于使对方难堪的理由来回避对方的要求。

例如，你不太喜欢和某个同学在一起玩，可他偏偏硬要拉你去打球。这时不妨找个借口，说："对不起，我今天约了朋友到我家里去玩的。"（实际不是）这样，既达到了谢绝的目的，又没有伤到彼此的和气。

道歉的礼仪

有道是"知错就改，善莫大焉"。人不怕犯错误，就怕不承认过失。在人际交往中，如果自己的言行有不当之处，比如打扰、麻烦或是妨碍、伤害了别人，最聪明、最得体的方法就是及时向对方道歉。

比如说，因为当时不了解实际情况而错怪了朋友，那么在获知实情后，就绝不能文过饰非、将错就错，甚至一错再错，而应当马上以适当的方式向朋友真诚地道歉，以得到朋友的原谅。如此，既使友谊得以延续甚至更加深厚，又恰当地体现出了自己的气度和风范。

道歉的好处在于，它可以冰释前嫌，消除他人对自己的恶感，也可以防患于未然，防止不必要的情感或肢体冲突，甚至还会因此而为自己赢得新的朋友。

例如：在马路上行走无意中碰撞了他人时；在公共汽车上挤了别人或踩了别人的脚时；在狭窄的过道里需要在别人面前勉强通过时，因有事而要打断别人的谈话时；因自己不注意挡住了别人的视线或光线时；未能办好别人托付的事情时；失礼、失约、失言或失手时……面对这些情况，你都应主动向他人道歉。

● 道歉是一种风度

道歉是"知错就改"的最直观的体现，它绝不简单地等同于低头认输。它是对自身行为进行反思后的一种客观认识和纠正，这种行为本身就是道歉者风度的一种体现。既然是风度的体现，在表达时就应格外注意下列问题。

◆ 道歉语应当文明而规范

如：有愧对他人之处，宜说"深感歉疚""非常惭愧"；渴望见谅，需说"多多包涵""请您原谅"；如有劳别人，可说"打扰了""麻烦了"；如在无意中伤害了别人，通常说"对不起""很抱歉""失礼了"……

◆ 道歉应当及时

知道自己错了，马上就要说"对不起"，否则拖得越久就会让人家越"窝火"，越容易使人误解。道歉及时，还有助于当事人"退一步海阔天空"，避免因小失大。

◆ 道歉应当大方

道歉绝非耻辱，故而应当大大方方地表示，不要遮遮掩掩。道歉时要真诚、专注，不要边干着其他事情边道歉，这样会让对方觉得你在敷衍，也就不会原谅你。更不可因自身的错误就过分贬低自己，这不但使别人难以领会你的用意，还可能让对方看不起你，而没有起到道歉的作用。

◆ 道歉并非万能

当自身的行为、言语出现错误时，一定要真诚地向对方道歉，但要知道：道歉不是万能的，重要的不是道歉这个行为本身，而是自己此后的所作所为要有所改进，千万不要言行不一、道过歉后依然故我。如果让道歉流于形式，只能证明自己待人缺乏诚意。

◆ 为该道歉的道歉

有时候，我们或是为了息事宁人，或是出于一些特殊原因，要为不是自身的错误而道歉。但你应该记住一点：不该向别人道歉的时候，就千万不要向对方道歉。包揽错误，对方不仅可能会不领情，搞不好还会因此而得寸进尺，向自己发难。

● 道歉的方式

面向对方表示真诚的歉意是道歉的最佳方式，但有时候当面道歉也许会令你觉

▲ "别生气了，这只'大花猫'送给你。"

085

▲邮票上的历史故事

得难以启齿，那么你还可以尝试用另外的方式表达你心中的歉意。

◆书信的方式

一封言辞恳切的致歉信不但能够帮助你表达心中的歉意，同时也为你化解了直面陈言的尴尬。

◆转达的方式

求助于可信赖的第三方，请求他为你转达歉意。其实，这种方式多不可取，因为毕竟是第三方的陈述，难免有时会有些表述上的误，差如果因此而产生误会，不但达不到预期的效果，反而令矛盾加深，使进一步的交往更加障碍重重。

◆借助"物语"的方式

生活经验告诉我们，当我们给对方送上一束鲜花或是一件小礼物，婉"言"示错，会令道歉更加自然，显得更有诚意。

◆改正的方式

有些过失是可以用口头表示歉意并能产生效果的；有些过失不但需要口头向对方表示歉意，还需要有改正过失的行动；也有的过失只需要用行动来弥补，而改正过失的行动，才是最真诚、最有力、最实际的道歉。

负荆请罪

　　战国时期，有七个大国——秦、楚、燕、韩、赵、魏、齐，被称为"战国七雄"，其中秦国最强大。有一次，赵惠文王得到一块价值连城的玉璧——和氏璧，秦王想凭强权夺得这块玉璧，赵王便派蔺相如到秦国去交涉。蔺相如见了秦王，凭着机智和勇敢，完璧归赵。

　　秦昭襄王一心要使赵国屈服，接连侵入赵国边境，占领了一部分地方。公元前279年，秦昭襄王耍了个花招，请赵惠文王到秦地渑池（今河南渑池县西）会面，意欲加害。赵惠文王开始怕被秦国扣留，不敢前往。在大将廉颇和蔺相如的坚持下方同意赶赴渑池。他叫蔺相如随同前往，让廉颇留在本国辅助太子留守。

　　在渑池，蔺相如的机智与勇敢不但令赵王得以保全性命，更是令赵国得以免受强秦之辱。

　　渑池之会后，赵惠文王更加信任蔺相如，拜他为上卿，地位在大将廉颇之上。

　　赵王如此器重蔺相如，大将廉颇便有些不服气。他说："我为赵国出生入死，打下大片江山，难道不如蔺相如吗？蔺相如仅凭一张嘴，有什么了不起的本领，地位竟然比我还高！我要是碰到蔺相如，一定要当面给他难堪。"

　　廉颇的这些话传到了蔺相如的耳朵里，他立刻吩咐手下的人，让他们以后遇到廉颇手下的人要以礼相让，不要和他们争吵。有一次他自己坐车出门，远远看见廉

▼位于邯郸的蔺相如回车巷今照

颇从前面过来，便叫车夫把车子赶到巷子里，等廉颇过去了再走。

蔺相如的手下人受不了这个气，就对蔺相如说："您的地位比廉将军高，他骂您，您反而躲着他、让着他，他越发不把您放在眼里。这样下去，我们可受不了。"

蔺相如心平气和地问他们："廉将军跟秦王相比，哪一个厉害呢？"大家都说："当然是秦王厉害。"蔺相如说："天下的诸侯都怕秦王。可是为了保卫赵国，我敢当面责备他。怎么我见了廉将军反倒怕了呢。强大的秦国之所以不敢来侵犯赵国，正是因为有我和廉将军两人在。要是我们两人不和，秦国知道了就会趁机来侵犯赵国。你们想想，国家大事要紧，还是私人面子要紧？"

蔺相如的手下人听了这番话非常感动，以后每次看见廉颇的手下人，都小心谨慎，对他们总是以礼相让。

后来，蔺相如的这番话传到了廉颇的耳朵里，廉颇感到十分惭愧。于是，他裸着上身，背着粗糙的荆条，亲自到蔺相如的家里登门请罪。他说："我是个粗人，见识少、气量窄，只为一己私荣而置国家安危于不顾，实在惭愧，请您责打我吧。"蔺相如赶紧把荆条卸在地上，双手扶起廉颇，给他穿好衣服，拉着他的手请他坐下，对他说："咱们两个人都是赵国的大臣。将军能体谅我，我已经万分感激了，怎么还来给我赔礼呢。"

于是蔺相如和廉颇成为生死之交，齐心协力为国家办事，秦国因此更不敢欺侮赵国了。

特殊场合的礼仪

PART 4

礼貌是人生习惯的第一件大事。

——美洲

男孩女孩聚会礼仪

　　无论我们参加什么类型的聚会，心态、心情都很重要。一定要以一个良好的心态、一种美好的心情参加聚会，这样才能让你在聚会上表现得更加自信、大方、热情、自然、有亲和力，进而令你与大家的交往更加和谐、愉快、深入。

　　有些人在有异性参加的聚会中会表现得十分拘谨，令其他人无所适从；有些人则表现得非常冷淡，给人一种孤傲、不可一世的感觉，让人觉得做作、虚伪而不愿与之接近；有些人则不分场合表现得太过热情，这不但会令人感觉聒噪、紧张，还会让人以为是别有用心而不愿意结交。那么，怎样才是最符合的礼仪呢？

● 女孩在聚会中应注意的礼仪

◆ 服饰要得体

　　不管参加怎样的聚会，服饰都很重要。通常，服饰整齐、整洁就可以了，但在有些聚会上就要特别注意服饰的选择。比如：不要穿着吊带背心去听音乐会；不要在和朋友们一起去野营或是远足的时候，穿着短小的裙子、高跟鞋；不要在化装舞会上穿着太过普通的衣着；不要在圣诞节的聚会上穿着复活节的服饰……总而言之，服饰要合乎场合的需要。错误的着装一来会令你与大家格格不入；二来也会令人感觉你对聚会缺乏热情、不重视。

◆ 言谈、举止要得体

　　神情、态度庄重、沉稳，是一个人有教养、有知识的表征之一，也是礼仪修养的基本要求。在聚会上切不可轻浮、随便。有的女孩不管在什么样的场合，都会滔滔不绝、手舞足蹈，一副眉飞色舞的样子，这是很不可取的。

　　最为重要的一点是：言行一定要有分寸。不要

▲为快乐的聚会欢呼！

过于热情，也不要过于冷
淡。即使对熟悉的人，或
者关系亲密的人，在公共
场合聚会时也不要表现得
过于亲昵，以免给别人造
成被忽视的感觉。

在聚会中，对于男孩
的照顾要应对自然，恰当
地表示谢意就可以了，不
要表现得不屑一顾（以免
让人感觉你缺乏礼貌或是
为人冷淡）或是诚惶诚恐

▲在聚会上，着装不一定要
华丽，得体才是最重要的

（以免让人感觉你过于拘谨、没有见识，甚至是过于谦卑而被人轻看）。

男孩在聚会中应注意的礼仪

◆ 着装要得体

和女孩参加聚会相同，男孩在聚会中的着装也一定要得体，这既会令周围的
人感觉到你对聚会的重视和参与的热情，更重要的是会令你看起来精神焕发、风
度翩翩，让你一出现就成为聚会中倍受欢迎的角色。

◆ 言行、举止要大方、得体

首先，男孩在聚会上要表现得自然、落落大方。和女孩子比起来，如果一个
男孩子在聚会上过于羞涩、拘谨，更会令周围的人无所适从，不知该如何照顾
他，并会令周围的人觉得他缺乏男子的气度而影响进一步交往。

其次，男孩在聚会上要言谈得体，谦虚、言之有物，这样才会让人觉得你是
一个有学识教养、踏实、可信任的人。切不可为引人注目而夸夸其谈或是言语嚣
张、"出口成脏"，这只会令你看起来缺乏教养、作风轻浮甚至不正派。

还有很重要的一点就是：避免热情有度。有时候，男孩子为了显示自己而对参
加聚会的人，尤其是女孩子表现得过分热情甚至是过分殷勤，这也不可取，因为这
样会令他（她）们因受到过分的照顾而心生不安，不知该如何回应这份"款待"。

◆ 要懂得谦让、有风度

在聚会上很重要的一点就是要有风度，懂得谦让、照顾周围的人，特别是对
女孩子。比如：和朋友们结伴出游时，乘车礼让大家，尤其是对女孩子，这种情

形在座位不足时，会显现出你的风度；和朋友们结伴观看演出，出、入门时不要拥挤，请女孩优先，也会令你自然地显现出绅士风度；在有体力劳动的时候，抢先做最困难的，并自觉自愿地帮助女孩子；在有危急状况发生的时候，比如遭遇电梯故障、出行迷路、场面过分拥挤、意外伤害、歹徒袭扰等状况时，不慌张、不畏缩、不埋怨，更不脱逃，而是冷静地应对、处理……这都会令你更显男子气概。

☀ 学会合乎时宜地开玩笑

在聚会时，开玩笑是很正常的事情，也是必不可少的事情。它不但可以活跃气氛、融洽关系、增进友谊，还可以使开玩笑的人看起来更具幽默感。

但是，凡事都有"度"，玩笑也不例外。超越了一定限度，不但达不到预期目的，还会适得其反。开玩笑的"度"，没有固定的衡量标准，它因人、因时、因环境、因玩笑的内容而定。

◆ 开玩笑时要看对象

人的脾气、秉性各不相同，有的人活泼开朗，有的人沉默寡言，还有的人生性腼腆，因此同样的玩笑对有的人可以开，而对有的人就不能开。如果不注意这些分寸，很可能会因一句玩笑而影响了人与人之间的感情。

◆ 玩笑的内容要健康

▲不要把善意的玩笑演变成恼人的恶作剧

开玩笑同讲话一样，也要内容健康、合乎时宜。有时为了刻意显示自己的知识面广、风趣幽默，有的人会不顾场合地开些玩笑。比如，在比较正式的场合肆意开他人玩笑，和长辈、前辈等开轻浮的玩笑……还有些人，特别是男性，总喜欢不分场合地开些玩笑，而令周围的人侧目，这不仅不会令人感到他幽默，反而会使人觉得此人低俗不堪、没有教养。

◆ 开他人玩笑要心怀善意

不仅是在聚会中，在一切交往中都切忌拿别人的生理缺陷、短处开玩笑。不要把自己的快乐建立在别人的痛苦之上，这既是对他人的体谅与尊重，也是自身有教养的一种表现。而且，开玩笑也要适度，如果发展成恶作剧，那么多半会以不欢而散收场，破坏了整个聚会的美好初衷。

◉ 在不同场合的聚会上应注意的事项

◆ 在家庭聚会上

（1）如果你是聚会的主人

● 先要征得家人的同意，并做好详细的计划；

● 在时间安排上一定不要太晚，以免影响家人的休息；

● 照顾每位客人，以免冷落有些朋友，尤其是那些性格比较内向的朋友；

● 提醒自己及朋友们不要大声喧哗，以免打扰邻居。

（2）如果你是一个被邀请的客人

● 一定要有礼貌，如果主人的长辈在家，一定要主动上前打招呼；

● 未经主人的许可，不要擅自取用其家中的物品，更不要随意损坏；

● 一定要注意保持卫生；

● 不要喧哗，以免打扰其家人或邻居。

◆ 在公共场合的聚会上

（1）不大声喧哗，以免影响他人；

（2）对待周围的人谦逊、有礼，以使聚会更加融洽，不致发生不愉快的事情；

（3）不让自己的不良嗜好（吸烟、饮酒等）影响他人。

听音乐会和上剧院的礼仪

在我们日常生活中，有时会听音乐会或到剧院看演出，你知道这时需要注意哪些礼仪吗？

● 观看演出时的着装

总的来说，现在去这些场所，服饰要求已没有从前那么严格了。但我们还是主张穿得比较正规一些为好，以此来表达对表演者的尊重。

但是如果参加摇滚或爵士音乐会，那么任何服装都可以被接受。

相对而言，某些欧洲国家，如英国、奥地利、德国等，人们出席古典音乐会时，仍会穿比较正规的衣服。

● 提前或准时到达

一般情况下，在看演出时，最好提前到达，一方面可以表示对表演者的尊重，另一方面你也不会因为找座位而打扰已经入座的观众观看表演。

◄华美的维也纳新年音乐会场景

▼俄罗斯国家芭蕾舞团的精彩演出

▲►观看如此精彩的演出，一定要注意礼仪和礼节

当你进入满座的一排来找你的座位时，如果有足够宽的空间，你的脸要朝着座位而不是舞台。当你走过别人的座位时，要为你挡住他们的视线而道歉。

严格地说，听音乐会时不应迟到。有的剧院会禁止迟到的人入场，迟到的人只能在场外就座，幕间休息时才允许迟到者入座。

◉ 在演出过程中

◆ 尽量不发出声响

无论是什么演出，演出开始后观众就应该安静下来，绝对不能在演出场所内吸烟、吃零食、嚼口香糖等，如无必要最好不要发出声音。在音乐厅咳嗽也是不允许的，在公共场合大声地咳嗽也是一种粗俗的行为。如果你的喉咙不好，试试备一杯水来缓解咳嗽；若痰多，应吐在纸巾上，放在你事先准备的袋子里，等离开音乐厅之后再处理，不要随便扔在地上。

如果要打哈欠，用手挡在嘴上；如果想打喷嚏，一定要用手帕、纸巾等遮挡，以避免飞沫四溅，对周围人的健康造成伤害。

也不要让你手中的节目单、门票、食品包装纸等发出声音。

▲即使在这样情绪激昂的演出中，也要保持一颗公德心，不致给他人的观看带来不便

当然，如果是流行音乐会，则要求相对宽松得多。但无论如何，一边欣赏音乐，一边大快朵颐，或是肆无忌惮地打喷嚏、咳嗽、吐痰、乱扔废弃物，都是极不礼貌的行为。

◆ 看完节目再聊天

在听交响乐、歌剧或其他正式的演出中，不要与旁人说话，即便轻声也不可以。对一个真正喜欢音乐的人来说，当他正在仔细聆听台上的演奏时，是不希望被任何噪声干扰的。尽管你可能是压低了嗓音在说话，但这一点点的声音，照样会影响到旁边的人。因此，有话也要等看完节目再说。

◆让手机休息

入场时一定要关掉手机，或者将其调成静音或振动状态，以免影响他人。

◆ 不要提前退场

无论出于何种原因，提前退场都是非常不礼貌的行为。如果你实在是不得不中途离开的话，最好等到剧目间隔或幕间休息时再离开，以免影响他人的正常观看，或是使演员分神。

如果你预先知道要提早离开，那么最好选择坐在最靠边的位子上或是最后一排，以使你的离开不会影响他人。

学会鼓掌 ↪

亲爱的朋友，你知道在去听音乐会时，尤其是古典音乐会时，应该如何鼓掌吗？鼓掌也是有礼仪规范的，若你不懂得其中的礼仪，会弄得自己很尴尬。

我们在听音乐会时，有些人不知道，乐章之间的间隔是不能鼓掌的。

所谓乐章，通常是指音乐作品的章节、区隔等，很像是文章的章节。一首乐曲依大小或是音乐形式，有单乐章、多乐章之分。交响曲通常是四个乐章以上，协奏曲、奏鸣曲常是三个乐章以上，交响诗则是一个乐章。组曲则不是以乐章来分，而是一首首的小曲子组合而成一个完整的组曲。

乐章的题目一般说明其速度（如快板、慢板等）、风格（如"热情的快板"等）或形式（如"小步舞曲"等）。乐章是乐曲中有意义的完全中止，但经常整首乐曲仍同时演奏着，所以在演奏会上，乐章和乐章之间是不鼓掌的。

参观展览会的礼仪

在日常生活中，青少年朋友经常会接触到各种类型的展览。例如，书法展览、绘画展览、动物标本展览、科技发明展览等。经常去展览馆参观，有助于我们开阔眼界、增长知识。展览馆也和图书馆一样是公共场所，当步入其中时，要注意以下的公德和礼仪要求。

● 保持安静

展览馆是需要人仔细观察和思考才能了解、欣赏展出作品的场所，因此在参观过程中，一定要时刻想着"安静"两个字。

● 认真听讲解

展览会一般都设有讲解员，当讲解员讲解时应耐心听取，不要随意插话。如果对某一问题感兴趣或想进一步了解情况，可在讲解间歇向讲解员有礼貌地提出来。万一讲解员的答复不能使你满意，也应向讲解员表示感谢，不要流露出不满的神情，或是一声不吭地走开，甚至是指责抱怨。

● 注意"请勿动手"

展览会中，一般都规定不能触摸展品，有的还不准拍照。凡看到"请勿动手""请勿拍照""谢绝入内"等字样时，便应自觉遵守。

有些人，总是以在不准拍照的地方偷拍"得手"、在禁止触摸的地方偷摸到展品未被"手擒"、在禁止入内的地方偷偷闯入"成功"而洋洋得意，殊不知在旁人看来，那无疑是不遵守秩序、没有修养的表现。

● 不要乱丢废弃物

展览会中，主办者有时会散发一些宣传品。领取宣传品时应按秩序排队，不要拥挤、哄抢。如宣传品对你无用处，那也不可在场内随意乱扔，而应将其带到场外再行处理。当然，如果不需要最好不要领取。

参加婚礼的礼仪

我们经常会参加一些婚礼，为新人送去美好的祝愿，但你知道在参加别人的婚礼时，要注意哪些礼仪吗？

☀ 注意自己的穿着

参加婚礼时穿戴整齐是对主人基本的尊重。

男孩的服装可以简单一些：西装、衬衫和领带足以把你打扮得够帅气。

女孩的着装就比较复杂了：如果只是参加婚宴，那么套装、连衣裙就可以了；如果你是去参加一个很正式的婚礼，那么你最好穿一身小巧、别致的套装。但是，无论你的穿着多么与众不同，都不可以袒胸露背，这样既会招来别人的侧目，显出你对婚礼的轻视，也会令自己显得太过轻浮。

正式的婚礼通常都很隆重，要注意的礼节也相对较多，对观礼者服饰的要求便是其中的一项，尤其是当婚礼在一个传统的寺庙或者大教堂举行的时候。如果婚礼之后有舞会，或者主人在喜帖上注明，那也要穿着较正式的衣裙。

▲拥有一个浪漫、美好的婚礼是每一对新人的愿望

● 如果你是婚礼上的花童

　　如今中国的婚礼通常是中西合璧的，在一些比较隆重的西式婚礼上，通常会选择一对漂亮的小孩子作为花童。如果你有幸被选为花童，那就一定要听从婚礼组织者的安排。虽然你的出现只是婚礼的一小部分，但你的表现对于婚礼的整体效果还是至关重要的。一对美丽可爱、彬彬有礼的花童，无疑会令整个婚礼变得更加温馨而充满童话色彩。因此，你就更要服从婚礼组织者的安排，不能任性而为。

● 参加婚宴的注意事项

　　在我国，婚宴是婚礼过后必不可少的项目，由于这一宴席的特定含义，所以要比平日赴宴多了些要注意的事项。

◆ 注意你的吃相

　　婚宴上通常宾客众多，你的吃相也要格外注意，否则别人对你的负面印象会广泛传播。如果是西式婚宴，你可能还要提前做些"功课"，以免席间"露怯"。

◆ 注意与其他宾客的交往

　　婚宴上众多的宾客中，也许有很多是你不熟悉或是根本不认识的，在这样隆重的场合就要更加注意礼节，一个彬彬有礼的人在任何场合都是会受到尊敬的。

◆ 注意不要乱开玩笑

　　无论是婚礼还是婚宴，都是喜庆、隆重，需要郑重严肃的场合，因此平时和朋友之间开的一些过于随便的玩笑或是某些"黑色"幽默，包括一些有碍喜庆气氛的话语就要克制，以免让你的一句"笑谈"使"喜气"有所损减。

▲婚礼上可爱的花童无疑是天使的象征

参加葬礼的礼仪

作为生命发展的规律，死亡是人类注定躲不开的"追击"。当我们去参加葬礼时一定要注意关于这方面的礼仪问题。

大家都知道，葬礼本身是在凝重和沉痛氛围中进行的，这就要求人们的言行要格外谨慎，如果在细节上稍不注意，很有可能给亡者家属的身心造成极大的伤害，所以应格外谨慎。

◉ 服装要得体

参加葬礼或吊唁活动时，男女均应穿黑、蓝等深色服装。男士可内穿白色或暗色衬衣，女士不应涂抹口红、不应戴鲜艳的围巾，尽量避免佩戴饰物，如需要可考虑戴白珍珠或素色饰品，避免佩戴黄金。

◉ 要控制情绪

关怀及安慰对于亡者的亲属很必要，一些过当的举动（如号啕大哭等）应避免。这些过于激动的情绪一来会给亡者的家属"添乱"，因为他们可能还要照顾你，使你平静下来；二来也会令人觉得你是个缺乏素养的人，因为你还不太能够控制自己的情绪。

◉ 言语、举止要得当

作为慰问语一般可以说："这真令人伤心，请节哀顺变。""事情太突然了，请不要过分伤心，保重身体。"忌讳使用"死""惨"等令人不快、伤怀的词汇。

当然，如果你是个小辈，那你最好的方式就是沉默，听从长辈的指挥就可以了。

葬礼会场是肃穆的，吊唁者言辞应收敛，高谈阔论、嬉笑打闹都是对亡者及家属的不敬。说话压低声音，举止轻缓稳重，才能传达出你的诚意。

◉ 要尊重当地丧俗

不同的国家、地区、民族会有不同的丧俗，当我们参加葬礼的时候，一定要尊重当地的丧俗，以免自己的一些言谈举止不妥而令亡者的亲属不悦，也显得你缺乏对亡者的尊重或是缺乏教养。

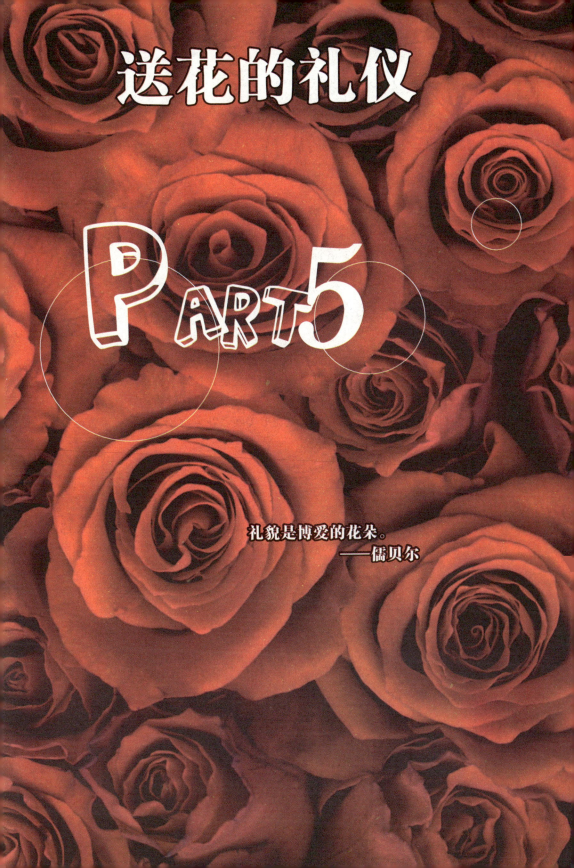

送花的礼仪

PART 5

礼貌是博爱的花朵。
——儒贝尔

把握送花的时机

◉ 迎接宾客

贵宾来访或者亲友返乡探亲、学成归国，一下飞机立即献上花环、饰花或花束，表示热烈欢迎，必能给宾客惊喜，留下难忘的印象。

迎接贵宾的鲜花以红色系与紫色系最受欢迎。

◉ 为即将远行的朋友送行

朋友相送，离情别绪总不免让人伤感。这时，如果送上一束美丽的鲜花，不仅能够显现出你对于友人的美好祝福与期待，还能让这离情别绪多几分浪漫的气息，让我们每每想起这一时刻，内心都充满温暖与被关怀的激动。

送行宜送芍药、玫瑰等，它们不仅花形美丽、花色鲜艳，且含有难舍难分之意。

◉ 参加婚礼

婚礼是隆重而喜庆的场合，送的花要寓意吉祥，一般宜用玫瑰、百合、郁金香、香雪兰、非洲菊等。

◀百合的寓意是"百年好合"

▶新娘手中、头上的白玫瑰，象征着幸福与纯洁

祝寿

祝寿是一种庆贺老人生日的活动。在中国，民间 50 岁以下为"做生日"，50 岁以上为"做寿"。民间做寿形式大同小异，通常都会贴寿字、结寿彩、燃寿烛、宴请宾客。宴席上必不可少的是面条，称为"寿面"，取其福寿绵长之意。贺品多为寿桃、寿幛、寿联、长寿花或万年青，长寿花象征着"健康长寿"，万年青象征"永葆青春"。

探望病人

去医院看望病人不能送整盆的花，一来难以打理，二来有些人也会产生久病成根的联想而心生不快；不能送香味浓的花，易引起咳嗽或花粉过敏等症状；不能送太浓艳的花，会刺激病人神经，激发烦躁情绪；山茶花易落蕾，被视为不吉利。

探望病人因含有关怀、慰问、祝其早日康复之意，故而宜选花色、香味淡雅的鲜花。

探望产妇

儿女降生是人生一大喜事，向婴儿双亲赠花、送贺礼具有祝贺平安、幸运、喜悦的含义，花材的种类除依照花语的含义外，也可按照生日花、十二星座、十二生肖幸运花相赠。

乔迁

迁新房是人一生中值得庆贺的事情，因此常用盆栽植物作为贺礼。中国人在新居落成时最喜用红色讨吉利，因此花材颜色大多以红色系为主，黄色系可作为陪衬，具有祝贺主人"飞黄腾达、金玉满堂"之意。

祝贺节日

在父亲节、母亲节、重阳节、教师节等节日，让我们同样记得送一束花给他（她）们吧，以表达我们深深的爱意与敬意。

各国送花忌俗与礼节

送花习俗因不同国度、不同民族而异。由于各国的国土资源、地理环境不同，种植花草树木的爱好自然也不同，因而人们对于花草树木的感情也有差异，这就形成了各国不同的花语和馈赠爱好。

一般来说，欧美等地的许多国家在社交礼仪中都离不开鲜花，人们在访亲探友、婚丧嫁娶、生日祝贺、迎送宾客、吉庆纪念、探视病人等社交活动中，都离不开鲜花。人们把赠花作为一种交流思想感情的媒介，作为风雅传情的礼物。

西欧人尤其喜送郁金香、玫瑰、香石竹、月季、唐菖蒲、百合、非洲菊、紫罗兰等。因为这些花都有"真挚深情的爱"的含义。许多国家的青年男女尤其钟爱玫瑰花和郁金香，因为这两种花都象征着"挚爱真情"。每年的2月14日，不少国家都会过情人节，据说这个习俗最早起源于古罗马帝国。传说在古罗马时期，埃及女王克娄巴特拉迎接她的情人安东尼时，整个宫殿几乎埋没在玫瑰花海中。

在西欧，母亲送花给子女时一般用冬青、樱草、金钱花、凌霄花等组成花束，以表示对子女的爱。送别朋友常选用杉枝（代表分别）、香罗勒（寓意祝愿）和胭脂花（含义为勿忘）组成花束相赠。探望病人时多以野百合（象征康复）相送，以祝愿病人早日康复。朋友外出时常以鸟不宿、红丁香、菟丝子组成花束相赠，以寓祝君努力，必能成功的含义。

▼如此灿烂的笑脸和阳光的花朵，该是百无禁忌的吧

意大利是个花卉生产国，其花卉产量在欧洲仅次于荷兰。人民非常喜爱鲜花，除对玫瑰、百合、月季、紫罗兰、唐菖蒲、郁金香、非洲菊、雏菊、马蹄莲、鹤望兰、小苍兰等花喜爱外，尤偏爱香石竹。意大利的香石竹的鲜花生产量占世界第一位。与法国一样，意大利人民同样认为菊花是不吉祥的花，是专门用来祭奠死者的哀悼花。但是西欧也有一些国家很喜欢菊花，如德国、荷兰等对菊花都很珍爱。

瑞士人认为鲜花代表和平与友谊。各种社交场合都离不开鲜花，尤其是素有"世界公园"美称的日内瓦，更是一片花海。日内瓦人对金合欢花怀有一种特殊情感。但在瑞士，红玫瑰花是不能随便送的，因为人们认为红玫瑰花带有极度的浪漫色彩，不适用于一般场合。

西班牙人也和其他欧洲人一样爱花，尤其喜欢郁金香。他们认为郁金香和玫瑰花都是喜庆和美好的象征。西班牙有个全国法定的"书节"，在每年 4 月 23 日举行。据说这是为了纪念该国大文豪塞万提斯于 1714 年逝世而定的纪念日。每到这一天，青年们喜欢买上一朵玫瑰花夹在书里送给心爱的人。同样，在西班牙也不能随便送菊花和大丽花，因为人们认为这两种花不吉祥。

比利时人最忌讳蓝色，遇到不祥之事，都用蓝色花作为标志。

在英国和德国，鲜花都是很重要的礼仪礼品。据报道，英国皇室成员访问的地方，到处都要摆满礼仪鲜花。遇有重大活动揭幕、演讲、演员演出、婚庆喜宴、结婚纪念日、祝贺生日、洗礼命名日及各种常规节日等，在英、德两国，鲜花绝对是少不了的。但德国人忌讳给朋友的妻子送玫瑰花，尤其是红玫瑰，因为它代表浪漫的爱情。

在英国的花语中，仙客来意味着羞怯、缺乏自信；水仙代表着尊敬之情；大丽花表示不稳定和变化无常；鸢尾花寓含强烈的情感；金合欢代表友谊；常春藤代表忠贞和节操；茉莉代表温柔和亲切；红色香石竹代表炽热的爱情，黄色香石竹则意味着轻视和蔑视。

俄罗斯人对菊花、月季、马蹄莲、石竹、水仙等花都很喜爱，其中特别偏爱月季和郁金香，月季被誉为"花中皇后"，而郁金香更是传情求爱、联络友情的常用鲜花，尤其是红色郁金香，同红玫瑰和红石竹一样都表示希望和良好的祝愿。

送鸢尾花被认为是带去好消息的征兆；紫苑可用来送给长辈，以表示健康长寿的祝愿；仙客来则象征忠诚、真挚的情谊。

俄罗斯人认为黄色蔷薇花意味着绝交和不吉利，送花时应注意避免。此外，送花的数目也要注意，因为在俄罗斯只有吊丧时才送双数花，朋友之间送花都送单数。

在加拿大作客时应注意：不要送白色的百合花，因为那里的人们只有在开追悼会时才用白色百合花。

105

▲ 浪漫的红玫瑰也不是可以随便送的

送花的节日

● 春节（中国传统节日：农历正月初一）

春节是中国民间最隆重的传统节日，此时大地回春、万物复苏，如果在这个季节去朋友家做客，你不妨带上一束迎春花、富贵菊、仙客来、荷包花、紫罗兰、花毛莨、报岁兰等，或是带上一盆生机盎然的水仙花、金橘等，以表达你在新年里对对方的美好问候与祝福。

● 母亲节（西方节日：阳历五月第二个星期天）

母亲节最常用的花是康乃馨，它象征慈祥、真挚、母爱，因此有"母亲之花""神圣之花"的美誉。

在这一天，红色和桃红色代表热爱母亲、祝愿母亲健康，白色康乃馨是追悼已故的母亲，因此必须注意挑选花色，千万别送错。除了康乃馨，还有一种花——萱草（金针花），它的花语是"隐藏的爱、忘忧、疗愁"，能非常贴切地比喻伟大的母爱，包含了"妈妈，您真伟大"的赞美，因此把它作为赠花也很相宜。

● 父亲节（西方节日：阳历六月第三个星期天）

石斛兰具有刚毅之美，花语是"父爱、喜悦、能力、欢迎"，是"父亲之花"，父亲节这一天，它便成了大家的最爱。

▲ "妈妈，节日快乐！"

● 中秋节（中国传统节日：农历八月十五）

中秋节花礼大多以兰花为主，各种观叶植物为次。兰花可用花篮、古瓷或特殊的容器组合盆栽，花期长，姿色高贵典雅，颇受欢迎。

● **清明节**（中国传统节日：阳历 4 月 4 日、5 日或 6 日）

　　清明节是中国的传统节日，人们多在此日祭扫亡者陵墓、祭奠亡魂，菊花是最恰当的选择。

● **教师节**（世界各国均有该节日，时间不一，在我国为 9 月 10 日）

　　为了感谢师恩，乘此佳节表达感念师恩之意，赠花是最好的选择。教师节可选送象征灵魂高尚、桃李满天下、才华横溢的花材，如木兰花、桂花、悬铃木等。

● **情人节**（西方节日：阳历 2 月 14 日）

▶ 爱的花朵

　　红玫瑰无疑是最好的选择，它象征着深切美好的爱意。

● **圣诞节**（西方节日：阳历 12 月 25 日）

107

　　圣诞节人们常选用一品红表示驱除妖魔，选用太阳花表示欣欣向荣、一派光明。

礼仪花卉的作用

　　礼仪花卉的起源同礼仪一样，是由习俗形成的。寄情鲜花传递感情的习俗源远流长，并随着社会文明程度的加深而越来越成为社会交际中的一个重要工具。花卉在礼仪交往中主要有以下几种应用形式。

　　花束：包括普通花束和新娘捧花。主要使用各类包装纸、丝带等配材，对组合好的鲜花进行各种不同风格的包装，单手可握，双手可捧。可用于迎送客人、访友、结婚庆典等场合上的献花和馈赠礼品。

　　花插：使用针盘、花瓶等容器将花材固定在花泥等固定物上，形成不同的风格。可用于办公室、餐厅、接待处、饭店前台、会议室等场所。

　　花篮：使用各式花篮，在篮内放入花泥，将鲜花插于花泥上，创作出不同风格的插花形式。可用于馈赠礼品、舞台摆放、厅堂装饰、庆典开幕及追悼会等场合。可分为礼品花篮、庆典花篮、装饰花篮、悼念花篮等几种类型。

　　装饰花：包括胸花、头花、腕花、肩花等。一般在出席各类大型集会、重要会议、晚会、开幕式、结婚典礼等场合时佩戴于胸前、头上、腕上。这类花只需较少的花材和配叶，制作出典雅大方的花形，起到装饰的效果。

　　礼品盆花：对盆栽的观花、观叶、观果等花卉，进行礼品包装，使之成为馈赠品，在拜访亲戚、朋友时作为礼品。

花的传说

◆ 玉簪花

相传王母娘娘对女儿的管教非常严格，但她的小女儿自幼喜欢自由，而且性格刚烈，向往人间无拘无束的生活。一次，她想乘赴瑶池为母后祝寿之机，下凡到人间走一遭。不想王母娘娘早已看透她的心事，为使她不能脱离自己的看管，王母娘娘便将头上的白玉簪子拔下，对它说："你代我到人间去吧。"

一年后，在玉簪落下的地方长出了如玉簪一般洁白、剔透的花，散发出淡雅的香味。人们喜欢它花形的脱俗，称它为"江南第一花"。宋代诗人黄庭坚有诗道："宴罢瑶池阿母家，嫩琼飞上紫云车。玉簪落地无人拾，化作东南第一花。"

◆ 郁金香

提到郁金香便一定想到郁金香王国——荷兰，然而最早种植郁金香的却是土耳其人。荷兰能够成为今日的郁金香帝国，应当感谢16世纪的维也纳皇家药草园总监。由于宗教原因，这位药草园总监迁居荷兰，同时也将郁金香这种美丽的植物带入了荷兰，进而传遍了整个欧洲。

◆ 大理花

大理花原产于墨西哥，18世纪由欧洲传入亚洲。相传大理花曾是拿破仑的皇后约瑟芬的最爱。约瑟芬的故乡临近墨西哥，也是大理花的发源地；不过，大理花未进入法国之前，在当地并未引起人们的注意。

当约瑟芬见到御花园里的大理花时，不禁喜欢上这带有故乡味道的花卉，于是亲手栽种了许多珍贵品种。每当花期一到，她便邀请高官显要、名媛淑女来赏花，得意地夸耀自己心爱的花卉。

很多来宾对这美丽的花感兴趣，想求得一花半枝，而这位傲慢的皇后却很不客气地宣称，大理花只属于她一个人，不许任何人带走一花半枝。有位伯爵夫人因而恼羞成怒，发誓一定要得到它。

这时伯爵夫人的贴身侍女正与一位波兰贵族热恋，她想利用这位贵族设法得到大理花的球根。波兰贵族看在心上人的份上，买通约瑟芬的园丁，偷走了一百多个球根。后来，事情暴露了，盛怒下的约瑟芬不但解雇了园丁，连那好胜的伯爵夫人和波兰贵族也遭到了灭门之祸，而她自己再也提不起兴趣来照顾那些大理花了。

大理花的寓意和时代的动态有关，因为法国大革命之后才改良出许多珍贵品种，所以有"不安定"、"移情"之说，不过现在大多引申为"华丽"、"优雅"、"威严"之意。

◆ 向日葵

在古希腊神话中，水泽仙女克丽泰爱上了太阳神阿波罗，但阿波罗却看也不看她一眼。伤心欲绝的克丽泰只能每天站在水边仰望天空，凝望着阿波罗驾着他的马车从空中飞奔而过。后来，众神可怜她，把她变成了一朵向日葵，因为向日葵的头永远朝着太阳的方向，至死方休。因此，向日葵的花语便是——沉默的爱。

108

馈赠的礼仪

PART 6

礼貌经常可以代替最高贵的感情。

——梅里美

馈赠的原则

馈赠是与其他一系列礼仪活动一同产生和发展起来的。人们相互馈赠礼物，是人类社会生活中不可缺少的交往内容。

中国人一向崇尚礼尚往来，早在《礼记·曲礼上》中便有"礼尚往来，往而不来，非礼也，来而不往，亦非礼也"之语。

在现代人际交往中，礼物仍然是人们往来的有效媒介之一，它像桥梁和纽带一样，无言但却直接、明显地传递着各种情感信息，表达着人与人之间的真诚关爱，久远地记载着人间的温暖。

赠人以礼物同样要注意一些礼仪上的问题，我们就稍加归纳整理如下。

● 送人礼物要真诚

无论你是以何种方式赠予他人礼物，都要牢记一点：态度要真诚。赠人礼物应该是一种真诚情感的表达，千万不要让任何杂念玷污了这种真诚的情感。

如果当面送给他人礼物，应该双手拿着礼物递给对方（无论这份礼物的体积多么小），同时说出你要表达的情感，比如：祝你生日快乐；你要转学了，这是我送你的礼物，希望我们无论相隔多远永远都是好朋友……

如果是请别人代为转送或是邮寄礼物给朋友，那千万不要忘了在礼物盒中附上一张卡片，把要表达的心意写在上面。

● 买礼物要"量力而行"

对于正处在学习阶段的学生来说，还没有经济来源，所以在购买礼物时，一定要根据自己的实际情况，不要盲目攀比。一份恰当的礼物，即使是一张小小的卡片或是你随手采摘的一束野花，也会令你的朋友感受到你的情意。

● "受人财不以为富"

"受人财不以为富"是指在馈赠活动中，受馈者不能以此作为致富的手段，这是双方应遵行的最起码的价值观。当然，这更多的是对成人，尤其是那些掌握权柄者的告诫，但我们的价值观一定是从小、从小事养成的，因此一定要引以为戒。

礼仪故事

"千里送鹅毛"

亲爱的朋友，你们大概都知道"千里送鹅毛，礼轻情意重"这句话吧，但你们知道这个成语的出处吗？

这个故事发生在唐朝。当时，云南一少数民族的首领为表示对唐王朝的拥戴，派特使缅伯高向太宗进献天鹅。

路过沔阳河时，好心的缅伯高把天鹅从笼子里放出来，想给它洗个澡。不料，天鹅展翅飞向高空。缅伯高急忙伸手去捉，但还是让天鹅飞走了，他只扯得几根鹅毛。缅伯高急得顿足捶胸，号啕大哭。随从们劝他说："已经飞走了，哭也没有用，还是想想补救的办法吧。"缅伯高一想，也只能如此了。

到了长安，缅伯高拜见唐太宗，并献上礼物。唐太宗见是一个精致的绸缎小包，便令人打开，一看是几根鹅毛和一首小诗。诗曰："天鹅贡唐朝，山高路途遥。沔阳河失宝，倒地哭号啕。上复圣天子，可饶缅伯高。礼轻情意重，千里送鹅毛。"唐太宗莫名其妙，缅伯高随即讲出事情原委。唐太宗连声说："难能可贵！难能可贵！千里送鹅毛，礼轻情意重！"

这个故事体现了送礼之人诚信的可贵美德。在今天，人们便用"千里送鹅毛"比喻送出的礼物虽然看上去单薄，但情意却异常浓厚。

有礼走遍天下

"礼"是我们的身边事。

比如：早起问一声"早安"、见面说一句"你好"、告别道一句"再见"，诸如此类，这就是"礼貌"。

宴请宾客，请者愿请，来者愿来，互有往来，这叫"礼尚往来"；真心相待，这是"礼心"；下个请帖，叫作"礼书""礼帖"；赠送物品，叫作"礼物""礼品"；参加结婚仪式就叫"婚礼"，送的物品称为"礼彩"，如果送的是钱就叫"礼金"；赠送的过程叫作"送礼""礼赠"；载明赠品的帖子叫"礼单"；举办仪式，称为"礼仪"；赴正式宴会，要穿"礼服"；以崇敬的心情称赞别人，是为"礼赞"；向长辈问候，叫"礼问"；向长辈请教、敬酒，是"礼敬"。

生活的每一时刻、每一个角落，"礼"都无所不在，更不用说政府、国家，"礼"更是必须认真对待、丝毫不得怠慢的事。时时刻刻都有各种"礼制"，接待有不同的"礼数"，还要使用适合的"礼器"，讲究相应的"礼仪"，对于贵宾要鸣放"礼炮"。

作为交往的规则，"礼"融入人生的所有时空。因为"礼"，人们可以调整关系，消除摩擦；因为"礼"，人们得以有效合作、和平共处。在处理相互关系而遭遇阻力时，我们应该不再执迷于"有理走遍天下，无理寸步难行"，毕竟"理"在对立面看来属于一面之词，仅仅有"理"是解决不了问题的。细细思量，处理相互关系在于掌握真"礼"，"礼"让我们找到利益的结合点和共同的价值观，因此"有礼走遍天下，无礼寸步难行"，真是一点不错。

如何选择礼品

　　在传统节日、喜庆的日子（如亲朋好友生日、结婚、升学，与朋友久别重逢，长辈的结婚纪念日……）和一些特别的日子（如饯行等），或是当自己接受了别人的帮助而要表达谢意时，都可以用馈赠礼物的方式表达自己美好的心意。

　　下面我们就来总结一下选择礼品的方式，供大家参考。

● 了解对方的喜好

　　当我们要选择礼物赠送给对方的时候，一定要考虑周全，不能只顾自己的喜好而忽略了对方的感受，应当保证自己的精心之选会带给对方更多的欣喜，使受礼者能够真切地感受到我们的一番美好心意。

　　可以通过平时观察或打听了解受礼者的兴趣爱好，然后有针对性地精心挑选合适的礼品。

● 考虑具体情况

　　送给对方礼物时，一定不要忽略具体的情况或场合。送给好友的生日礼物与送给长辈的生日礼物一定会有所不同，送给男生的礼物也会与送给女生的礼物有所不同，送给老师与送给同学、朋友的礼物自然也会有所区别……因此，在选择礼物时一定要因人而异、因时而异、因事而异。

● 选择合适的礼物

　　赠送礼物最重要的是得宜，礼物不一定贵重，能够确切地表达心意才是最为重要的。如果能够亲手为对方制作一份礼物，相信对方在收到礼物的那一刻，所感受到的一定不只是问候、祝愿或是谢意，一定还能感受到你精心制作礼物时的那份深厚情意。千纸鹤、幸运星之所以受到人们的欢迎，正在于此。

● 选择馈赠礼品需注意的问题

◆ 考虑与受礼者的关系，决定礼品的轻重

一般不轻易送贵重的礼物，不然会使对方产生不安的想法，或引起"重礼之下，必有所求"的猜测。应本着"交浅礼薄，谊深礼重"的一般礼俗。

这样的标准通常是对成人而言的，对于广大青少年朋友来说，不必顾虑

▲ "我来看看今年的生日礼物是什么。"

于此。并且，青少年朋友之间不宜赠送贵重的礼物，毕竟这个年龄段的朋友还没有经济来源，只要能表达我们情意的礼物，哪怕它再简陋，也一样值得珍惜。

◆ 选择礼品时要认真、心存真诚

一件倾注了时间与精力、精心选择的礼物，一定也会带给对方别样温暖的感受。不能把自己不喜欢、平日闲在家中或是知道有瑕疵的物品转送给他人，这是极不礼貌的一种行为。

另外，过于昂贵和过于廉价的物品，印有广告的物品、药品、补品，容易让异性产生误会的物品也不宜作为礼品赠送。

▼三八节要到了，送给家里的女人们什么礼物呢？
好像 hello kitty 是女人们的最爱吧……

外婆和奶奶每人
一个磁化杯

可爱的挂钩
送给妈妈

香味盒送给
大姨家的姐姐

113

◆ 不要当面问对方喜欢什么

在你送礼物给对方之前，不宜直接去问对方喜欢什么礼物。一方面，可能会导致你的礼物不能给对方带来惊喜；另一方面，也会令对方有向人索要礼物的不悦，或是不好意思说出自己真实的想法而敷衍几句，比如："哎呀，准备什么礼物啊，什么都不用。"或是："送我张贺卡就行了。"其实，也许对方真的很希望你送他（她）一件你精心准备的礼物呢。

◆ 要考虑受礼者的民俗禁忌

礼品表达了人们最真诚的问候和最美好的祝愿，但若是赠送不当，不仅达不到加深友谊的目的，相反还可能会因此而出现龃龉，令对方心生不悦。比如，在我们的农历猪年，春节时如果你要去一位回民朋友家做客，就不能送给他（她）任何带有小猪形象的礼物，即使那些小猪的形象再可爱也不行。

◆ 必要时留下购买礼物时的相关票据

如果你送了对方小台灯、计算器、电子笔等需要售后服务的礼物，那你最好将发票、保修卡等相关票据一并交与对方，以便于对方在日后的使用中维修与退换货品之用。

◆ 不要送相同的礼物

有时候对于同一个人（比如家人、好友……）我们会经常送礼物给他（她），这时你就要费些脑筋了，不要每次都送同样的礼物。想想看，如果你喜欢棒球帽，而你的妈妈每次都会送一顶棒球帽给你，那你收到礼物的那一刻会多失落啊。

如果你觉得自己太"健忘"，无法记住每次送给别人的礼物的话，那么最好的方式是准备一个小记事本记录一下。当然，如果你有记日记的好习惯，那么一切就都很简单啦。

◆ 精致的包装

精致的包装本身就意味着对受礼者的尊重，因此送礼时你还要给你精心挑选的礼物"穿"上一件精致的"外衣"哦。

▲ 送一本好书给朋友，将会快乐两个人的心灵

家庭馈赠礼仪

在生活中，家庭成员经常会有各种值得庆贺的事情，比如家庭成员生日，或在工作、学习、竞赛中取得了成绩，还有亲戚结婚、生子，等等。大家通过祝贺来表达自己的心意，以联络、加深彼此之间的感情。

为了表达情意，相互赠送一些礼物总是必不可少的。

🔸 怎样给长辈送礼物

在一些节假日（比如父亲节、母亲节、三八妇女节）或是特殊的纪念日（比如父母亲的生日、结婚纪念日，甚至你自己的生日）时，相信你一定不会忘记向父母长辈表达你对他们养育之恩的感激之情。在这样的日子里，如果你能够赠送一份恰当的礼物给他（她）们，一定会让他（她）们倍感温暖与欣慰。

送礼要适合长辈的意愿爱好，要讲究实用性，若有永久纪念意义的更好。关键在于让长辈满意，而不在于价格是否昂贵，如一盆花、一套茶具、一块布料、一件日用品、一些土特产或可口的食品……只要包含了你真诚的心意，都能表达子女对长辈的敬意。

🔸 兄弟姐妹之间的赠礼

在日常生活中，你与兄弟姐妹之间的交流要多过和父母之间的交流，多交流相互了解也就会加深。

如果你们之间互相赠送礼品，一般应以实用为主，要适合对方的需要。自己亲手制作的同样是首选，也可以直接询问对方，或邀请对方一同购买。

▲ "姐姐，这个蛋糕是我用自己的零用钱给你买的圣诞礼物，希望你喜欢。"

受礼礼仪

● 接受礼物时

当你在接受礼物时，不管礼物是否合自己的心意，都应该表现出对礼物的重视，并应该当着对方的面打开，表达出你真诚的谢意。

如果你并不喜欢对方送给你的礼物，又不愿违心地说喜欢的话，那你尽可以避开评论礼物，只表达你的谢意就可以了。在这种情形下，如果直接说"这份礼物我一点都不喜欢"是十分失礼的，不仅会令对方尴尬、不快，也会令你自己显得不解他人好意、挑剔、缺乏教养。

● 回赠

中国自古以来就是一个讲究礼尚往来的国家，当你接受了他人的馈赠，如有可能应予以回赠。有来有往的馈赠活动，有利于拉近双方的距离、加深双方的情感或友谊。

● 拒绝馈赠的艺术

拒绝别人的馈赠是一件令人感到为难的事情，处理不好就会引起对方的误会，甚至会伤害友情。所以，学会拒绝是十分必要的。

◆ 要说出真实情况

有的人在拒绝他人好意的时候，因为不好意思而不敢实话实说，采用闪烁其词的方式，这样反而会让对方产生很多不必要的误会。

其实，拒绝本是件再正常不过的事情。当你觉得礼物过于贵重或是对方错误地表情达意、误解了你的意思的时候，你不妨直言相告，如果语言吞吞吐吐、态度模棱两可，反而更容易影响你们之间的友情。

◆选择好拒绝的时间、地点和机会

当你决定拒绝别人礼物的时候，下列内容是你必须考虑的因素。

及早拒绝，以免耽误了对方的计划、伤害对方。

要据实向对方表明你的态度，好让对方有所准备。

坚决拒绝，避免迂回曲折。

在婉言拒绝的时候，一定要让对方觉察到你的态度。不要绕了半天弯，对方仍然不知道你的真实用意。

从场合来看，在小的场合更容易拒绝对方，也更容易被对方接受。千万不要在众目睽睽之下拒绝对方，在这种场合，即使你的理由再充分、再正确，也会令对方因感觉下不来台而恼怒。从心理学的角度说，和对方相对的时候拒绝最不容易让人接受。

◆换位思考，不致使对方过于尴尬

谁都不愿遭到拒绝，这时候换位思考是十分必要的，你要站在对方的角度，选择一种令人容易接受的态度、方式拒绝对方。

尤其是当你拒绝那些喜欢坚持己见、自以为是的人时，更要好好考虑，因为他（她）们通常自尊心很强，直接拒绝的方式无疑会使他们感到难堪。所以，先应把对方的话听完，待真正了解对方的意图后，再决定该如何用婉转的语言去拒绝和说服对方。

117

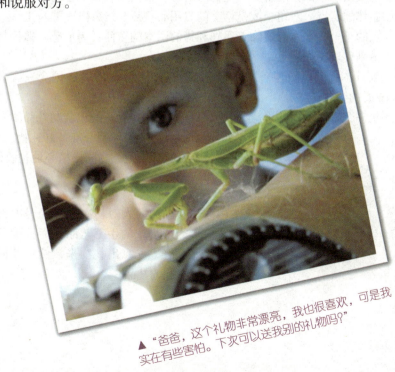

▲ "爸爸，这个礼物非常漂亮，我也很喜欢，可是我实在有些害怕。下次可以送我别的礼物吗？"

国外的馈赠礼仪

由于各国文化的差异，社会、宗教的影响和忌讳，送礼成了一种复杂的礼仪。如果运用得当，送礼能巩固和拉近彼此之间的关系；运用不当则会有碍于彼此之间的联系，从而导致关系破裂。选择适当的礼物、赠送礼物的时机并注意收礼人的反应，都是送礼时要注意的问题。

● 在一些亚洲国家

在亚洲国家，人们都认为来而不往是有失尊严的，这涉及自身形象。因此，一般人都倾向于先送礼物给他人。而且收到礼物后，在回礼时经常在礼物的内在价值、外在包装上下功夫，以表现自己的慷慨和对他人的恭敬。

◆ 日本人的礼尚往来

日本是一个讲究礼仪的民族，无论是到亲戚、朋友、同事家做客，还是参加各种聚会、喜庆活动，都会准备一些礼物给对方。根据场合及对象的不同，礼物可以是亲手制作的糕点、寿司，或是精美的日用品，甚至是高档贵重的礼品。

值得注意的是，日本人对装饰着狐狸和獾的图案的东西甚为反感。狐狸是贪婪的象征，獾则代表狡诈。

另外，到日本人家里做客，携带的菊花的花瓣只能有 15 片，因为只有皇室才能拥有 16 瓣的菊花。

日本还是一个崇尚形式的民族，大多数日本人认为礼品的包装同礼品本身一样重要，因此当你精心准备好礼物之后，一定不要忘记把礼物同样精心地包装好。

◆ 韩国人的礼尚往来

韩国的商人对初次来访的客人常常会送当地出产的手工艺品，而且他们通常要等客人先拿出礼物来，然后才回赠他们本国的礼品。

▲在相互赠送礼物时，各国、各地区间，或多或少地存在一些差异

◆阿拉伯人的礼尚往来

阿拉伯人喜欢知识性和艺术性的礼品，不喜欢纯实用性的东西；忌讳烈性酒和带有动物图案的礼品（因为这些动物可能代表着不吉祥）；切勿把用旧的物品赠送他人。另外，在阿拉伯国家，成人间在初次见面时送礼可能会被视为行贿。

宾客如果盯住阿拉伯主人的某件物品看个不停是很失礼的举动，因为这会让他们认为你一定很喜欢它，并一定会要你收下这件东西。

阿拉伯商人赠送给他人的一般都是贵重礼物，同时也希望收到同样贵重的回礼。因为阿拉伯人认为不让他们表示自己的慷慨大方是不恭的，且来而不往是有失尊严的，一旦如此就会危害到双方的关系。

送礼物给阿拉伯人的妻子被认为是对其隐私的侵犯，然而送给孩子则总是受欢迎的。

▶阿拉伯人钟爱艺术气息浓厚的礼物

119

🔆 在一些欧美国家

在欧洲国家，一般只有在朋友之间才互赠礼物。赠送礼物通常是此次交往将结束时才进行，同时表达的方式要恰如其分。一盒精美的巧克力、一瓶优质的葡萄酒在欧洲都是很好的礼物。

登门拜访前则应送去鲜花（花要提前一天送去，以便主人把花布置好），而且要送单数的花，同时附上一张手写的名片，用商业名片会被视为草率的行为。

通常，欧美人相互赠送礼物是在本次交往结束的时候，而一些亚洲国家的人们，通常是在见面时先互赠礼物，然后才进行后续的交往。

◆英国人的礼尚往来

通常，英国人是含蓄的，他们极少会在日常生活中以贵重的礼物相赠，在成人之间，向对方赠送贵重的礼物很可能会被对方误认为是有大事相求甚至是贿赂。因此，与英国人交往，赠送礼物不必花费太多，能够表达你的心意就可以了。

英国人也像其他大多数欧洲人一样喜欢高级巧克力、名酒和鲜花。对于饰有客人所属公司标记的礼品，他们大多数并不欣赏，除非主人对这种礼品事前有周密的考虑。

◆法国人的礼尚往来

在初次结识时，法国人通常是不会相互赠送礼物的，在相互认识之后，他们才会相互赠送礼物以表达问候等。通常，法国人赠送礼品比较注重表达出对对方智慧的赞美，不会显得太过于亲密。法国人讲究浪漫，喜欢知识性、艺术性的礼物，如精美的卡片、艺术相册或小工艺品等都是相宜的礼品。

应邀到法国人家里用餐时，客人通常会选择带上几枝不加捆扎的鲜花，以表达对主人的问候与谢意。但菊花是不能随便赠送的，在法国只有在葬礼上才用菊花。

▲一件别致的小礼物是人们日常交往中必不可少的

◆德国人的礼尚往来

德国人在人际交往中对礼节非常重视。与德国人握手时，要特别注意两点：一是握手时务必要坦然地注视对方；二是握手的时间宜稍长一些，晃动的次数宜稍多一些，握手时所用的力量宜稍大一些。

此外，重视称呼是德国人在人际交往中的一个鲜明特点。对德国人称呼不当，通常会令对方大为不快。一般情况下，切勿直呼德国人的名字，可称其全称或仅称其姓。与德国人交谈时，切勿疏忽对"您"与"你"这两种人称代词的使用，称"您"表示尊重，称"你"则表示地位平等、关系密切。

德国人喜欢应邀郊游，但主人在出发前必须要做好细致周密的安排。

◆美国人的礼尚往来

美国人很讲究实用，因此一瓶上好的葡萄酒或烈性酒、一件高雅的名牌礼物，都是最合适不过的。与一些欧洲国家一样，美国人赠送礼物通常也是在本次交往结束时。

◯ 在一些拉丁美洲国家

黑和紫是拉美国家的人最忌讳的颜色，这两种颜色使人联想到四旬斋。刀剑应排除在礼品之外，因为它们暗示着友情的完结。手帕也不能作为礼品送给拉美国家的人，因为它与眼泪是联系在一起的。

在学校的礼仪

PART 7

真正的礼貌是克己，就是千方百计地使
周围的人都像自己一样平心静气。
——蒲柏

课堂礼仪

● 上课

学生应当准时到校上课，若因特殊情况，不得已在教师上课后进入教室，应先得到教师的允许，方可进入教室。

上课铃一响，学生就应端坐在教室里，等候老师上课。当教师宣布上课时，全班应迅速起立，向老师问好，待老师答礼后，方可坐下。

● 听讲

在课堂上，要认真听老师讲解，集中注意力，独立思考，重要的内容应做好笔记。当老师提问时，应该先举手，待老师点到你的名字时才可站起来回答问题。发言时，身体要立正，态度要大方，声音要清晰响亮，一定要讲普通话，表示对老师的尊敬。

● 下课

听到下课铃响时，若老师还未宣布下课，学生应安心听讲，不可着急收拾书本，或把桌子弄得乒乓作响，这是非常不礼貌的举动。下课时，全体同学仍需起立，与老师互行注目礼，然后说"老师再见"，待老师离开教室后，学生方可离位。

老师在课堂上讲错了，你该怎么办？

在我们学习的过程中，偶尔会遇到老师在课堂上讲错的状况。这时，你不要马上在课堂上站起来指出老师的错误，如果那样做会出现很尴尬的局面，可能使老师难堪，同时也显得你没有修养。即使是当时提出，也应先举手，待老师询问后再以委婉商讨的态度去表达。

通常的做法应该这样：等下课后，单独向老师反映你发现的问题，这样既体现了你关心尊敬老师的品德，也显示了你良好的修养。作为一位师德高尚的教师，他不仅不会恼怒你指出他的错误，反而会因此更加注意自己日后的教学，并会及时向学生更正自己的错误、表扬你的细心与认真。

服饰仪表

　　美国一位服装史学者曾指出：“一个人在穿衣服和装扮自己时，就是在填一张调查表，写上了自己的性别、年龄、民族、宗教信仰、职业、社会地位、经济条件、婚姻状况等。”由此可见，服装就像是人们心灵的一面镜子，展示出个人的审美能力，表现出自己独特的内心世界和个性特征。既然服饰代表一种个性特征，那么青少年的日常着装又该怎样突出自我呢？

● 正确地穿着校服

　　每个学生都有校服，大部分学校都要求学生在校期间必须穿着校服，也有些学校只在有集体活动时才要求学生穿着校服，但无论是哪一种情况，学生都要遵守学校的规定，保持校服的干净、整洁。穿着脏兮兮、皱巴巴的校服不仅让学生自己的形象大损，同时也破坏了学校的形象，是很不得当的。

● 不要一味地效仿他人

　　追求流行，担心自己的着装落伍，这是当代青少年的一个明显特点，这种求新爱美的心态是正常的，但不要脱离自身的条件而去盲目追逐时尚，那样不仅会加重家庭的负担，更会因此而失掉自己特有的个性、特质，甚至会弄巧成拙，成为他人的笑料、谈资。

● 根据自身条件选择适宜的装扮

　　青少年的装扮要顺乎自然，不要过分雕琢。着装尤其应以清纯自然为好，表现出学生特有的青春朝气和活力。

　　随着我国经济、文化的对外开放，有些青少年在穿着打扮上也开始变得富有个性美。但有些学生，喜欢模仿国内外明星的夸张装扮，怪异的发型、夸张的饰品、袒胸露背的衣着、画眉涂唇的妆容，甚至刺青、穿鼻环、舌环、脐环……这不仅令青少年学生纯美、自然的特质丢失殆尽，有些行为还会对学生的身心健康造成危害（如不恰当地化妆、穿环等，极易造成局部感染），实属得不偿失。

　　对于青少年来说，装扮自己应遵循以下原则：合体、适时、整洁、大方。

123

尊师礼仪

◉ 与老师相遇时

作为学生，无论你在校园内还是校园外，当你与老师相遇时，都应主动地向老师行礼问好。

◉ 在老师的工作、生活场所

当你有事情需要去找老师的时候，无论是去老师的办公室还是宿舍、家里，都应先敲门，经老师允许后方可进入，进入后不要随意翻动老师的物品。

◉ 不要私下对老师评头论足

学生对老师的相貌和衣着不应指指点点、评头论足，要尊重老师的个人习惯和人格。当然，人无完人，老师或多或少也会有缺点和错误，当你认为老师的某种行为或习惯影响了教学或与学生的交流时，你应该在合适的时间和地点礼貌地向老师指出，而不应在私下里与同学妄加评论，甚至以言语或不恰当的行为加以攻击。

◉ 正确对待批评

当你犯了错误，要认真、诚恳地接受老师的批评，认真地反思自己的行为，并要学会做自我反省与检讨，以使自身不断得到完善。

当你认为老师的批评不正确或有失公允的时候，言辞激烈地加以辩解或是一声不吭地全部承担都是不正确的。你应该适时地向老师解释清楚，以减少不必要的误会，使你与老师之间有更好的交流与沟通。

学生和老师之间只有相互了解与顺畅沟通，才能令校园生活更加和谐、愉快。

遇到节日时

在各种节日时，我们在向亲朋好友送上祝福的同时，千万不要忘记也给培养我们的老师送上一份真挚的祝福，尤其是在教师节的时候。我们每个人都曾是学生，因此莫忘师恩是我们每个人都应具备的良好品德。

礼仪故事

程门立雪

这个故事讲的是宋代学者杨时和游酢向程颢、程颐拜师求学的事。杨时、游酢二人，原先以程颢为师，程颢去世后，他们都已40岁了，而且已考上了进士，然而他们还要去找程颐继续求学。故事就发生在他们初次到嵩阳书院，登门拜见程颐的那天。

相传，一日杨时、游酢来到嵩阳书院拜见程颐，但是正遇上程老先生闭目养神，坐着假睡。这时候，外面开始下起鹅毛大雪。二人求师心切，便恭恭敬敬侍立门外，不言不动，静候着老师醒来。如此等了大半天，程颐才慢慢睁开眼睛，见杨时、游酢仍然站在门前，不禁大吃一惊。这时，门外的雪已经积了一尺多厚了，而杨时和游酢并没有一丝疲倦和不耐烦的神情。深受感动的程颐于是倾尽自己的心力将自己

▲史称双程的程颢（左）和程颐（右）

125

▲如今古风依然的嵩阳书院

所学全部传授给了这两位虔诚的弟子。

这个故事在宋代读书人中广为流传，后人便常用"程门立雪"这个成语表示求学者尊敬师长和求学的虔诚心意。

虽然在今日看来，无论是杨时、游酢，还是程颐，行为都不免有些"过火"，尤其是前者的行为，甚至会被看作是对自身健康的一种戕害，但无可争辩的是，他们尊师求学的心意仍在感动着一代又一代的学子们。

尊师每一天 ↩

老师是除父母外，对我们人生成长影响最大的人。尊师重教是中华民族的优良传统，尤其在古人看来，还有"一日为师，终身为父"的感慨。把他们比作我们成长道路上的另一种概念的父母，应该并不为过。

对教师本身及这个职业的尊重和夸赞从未间断过，我们从不吝于将所有美好的言论及溢美之词统统加诸这样可爱而可敬的人身上。

那么，我们应该如何对待老师呢？其实，每个懂得尊重和感激的人都应该明了于心。除了发自内心的尊重与理解，老师和学生之间也并非只是命令与服从的关系。

更大程度上而言，老师和我们应该是朋友，作为朋友是需要心灵间的坦诚交流和信任的。现在的学生面对着多元文化的纷至沓来，如何从中鉴别、挑选、吸收适合自己的文化元素，这既是学生自己更是老师需要考虑的问题。

除"园丁"这个比较通俗的比喻外，老师更像我们的守护神，虽然他（她）有可能像唐僧一样"唠唠叨叨"，但成长中每个关键的转折点无不伴随着老师的教诲和指引，他（她）引领并保护我们走向光明之地，这一点尤为神圣。对于所有的老师和学生来说，教师节不应该只是每年的9月10日，而应该是每一天。

同学间的交往礼仪

　　通常，我们每个人都会有长达十几年甚至二十几年的学生生涯，如果说活到老学到老的话，那就更可观了。在这期间，我们与同学间的交往就显得尤为重要，同学间的交往是我们走向社会的前奏，它令我们感受到人际交往的乐趣与困惑，让我们的公共人格得以发展并走向成熟。

　　同学间良好的人际交往令我们的学生生涯更加丰富多彩，尤其是青少年阶段，和谐的同学关系将是我们一生中最纯洁、最美好的记忆，这份美好的友谊甚至会伴随我们终生。但是，这份美好也并非唾手可得，它需要我们付出努力。要想使同学间的关系和谐，至关重要的一点是以礼相待、以诚相待。

● 同学之间要有礼貌

　　一个彬彬有礼的人在任何时刻、任何场合都是受人欢迎、令人尊重的，同学之间也不例外。

　　同学之间虽然年龄相近，也同样要使用礼貌用语。不要张口就是祈使句，"喂，你过来一下。""嘿，这道题怎么做啊？""喂，把尺子给我用用。"……这些话只能让你的同学对你产生反感，久而久之，你就成了不受欢迎的人。

　　另外，还要注意不要随意给同学起绰号，尤其是那些带有贬损意味的绰号。贴切的昵称会令同学间的关系更加和谐、亲密，但揶揄的称呼、蔑称一定会伤害对方，也丝毫不会令你显得幽默。

　　当然，不讲粗话、脏话，是每个学生应该自觉遵守的基本规范。

◉ 同学之间要热忱相待

以饱满的热情感染身边的每个人，以一颗真诚的心善待周围的每个人，如果每个人都能努力做到这一点，那我们每天的校园生活无疑将会是阳光灿烂的。相反，如果你总是一副拒人于千里之外的冰冷面孔，待人缺乏一颗诚挚的心，毫无疑问，校园生活对于你来说将会是寂寞难挨、灰色而阴暗的。

◉ 同学之间要团结友爱

在我们的学生生涯中，与同学相处的时间要远远多于与家人、老师相处的时间，这就使同学间的相处变得极为重要。因为在如此多的时间里相处，如果和谐愉快，将会令我们的学习生活更加轻松高效；如果相处时矛盾、龃龉不断，将会给我们的学习生活带来极大的负面影响。

团结、友爱会使我们的班级具有更大的"能量"，令班级中的每个成员具有更大的进取热情，这种"能量"与热情便是我们不断取得成绩、通往自我完善的原动力之一。一人有事，大家相帮；班级有事，共同努力……试想一下，这是多么令人温暖与振奋的情景啊。

团结、友爱是与人友善的一种最直接的表现方式，也是具有团队精神的一种体现。具有团队精神对于如今的合作型社会来讲，显得至关重要，这种能力与精神的培养也逐渐被人们重视起来。

因此，对于身心处于成长期的青少年来说，能够团结同学、友爱待人是一项

128

◀ 一个团结友爱的集体，会令我们的校园生活充满温馨、乐趣

▶阳光四射、青春洋溢的笑容，永远是我们最美好的记忆

129

必须注重去培养、发展的能力。

对于那些不能与多数人友好相处，热衷于搞自己的"小山头"的同学，我们也不能简单地嫌恶、抛弃，而要热情地团结他们，让他们感受到团结的大集体的乐趣，进而使他们也成为团结友爱的大集体中的一员。

● 同学间相处要大公无私

学校也是社会的一个缩影，同学们的脾气、秉性各不相同，因此要友好相处就要双方都付出努力，能够彼此理解、彼此包容，才能令相处更加融洽。

那些心里只有一己之私、只会打自己的"小算盘"的人，是不会拥有真正的友谊的。只有那些心底无私、能够以集体的利益为先，能够站在对方的立场上替他人着想的人，才会受到大家的欢迎。

● 同学间相处要有公德意识

学校同样是一个公共场所，在公共场所中的任何规范都是同样要遵守的。一个缺乏公德心，喜欢随意高声喧哗、乱刻乱画、随地吐痰、乱丢废弃物、攀折花木的人，一定会令周围的人生厌。从小培养公德心，对于青少年朋友进入公众社会，并成为其中受欢迎的一员是极为重要的。

● 同学间交往八大禁忌

◆不粗言秽语

◆不恶语相向

◆不飞短流长

◆不拉帮结派

◆不自私自利

◆不斤斤计较

◆不盲目攀比

◆不损害他人利益

当你遭遇校园暴力怎么办？ ↪

近些年来，各种关于校园暴力的文章、视频等屡屡见诸各种媒体，令人们不得不重新审视这个青春洋溢、却也充满了迷茫与躁动不安的群体。

在我们的校园生活中，对遇到什么样的同学我们是无法掌控的，对偶遇就更无从掌控了。但是如果我们不幸遭遇了校园暴力，那也不要害怕，应该及时地告诉老师和家长，甚至报告当地的公安机关，以协助解决，使自己免受更加严重的侵害。

一味地默默忍受以求息事宁人的态度是不可取的，那只会让不法的行为更加嚣张。但是，以暴制暴也是不可取的，那只会令冲突不断升级，使自己受到更加严重的身心伤害，甚至滑向犯罪的深渊。

住宿学生礼仪

对于住校学生来说，每天都生活在一个大家庭里，学习、生活及其他活动都是在集体中进行的。因此，除了要自觉遵守学校关于住宿的规章，还应特别注意如下一些礼仪。

● 谦逊、礼让

当你早晨起床时，如果看见老师和同学，应主动打招呼；晚上就寝前，则应与同寝室的同学道晚安；使用公物，特别是在公共场所用水或晒衣时，或是使用校内、宿舍内的公用电话时，不要长时间占用，要先人后己、礼让三分。

● 遵守住宿的规定

在住校的日常生活中，起床、就寝、自修、用餐、熄灯等，都应按照学校规定的作息时间进行。

▲ 克制自己的好奇心，
不要成为"大嘴巴"

注意不要随便使用、翻弄或移动别人的东西；个人用品应放置在固定的地点，如有遗失，不可胡乱猜疑别人。

平时在宿舍里不要高声谈笑；收听广播、录音等尽可能使用耳机，或尽量把音量调低一些；夜间就寝后上下床动作尽量要轻，要尽可能使用微型手电筒照明……以免影响他人学习或休息。

要随手关灯，节约用水，不浪费粮食，不损坏集体宿舍的各种设备，如无意中损坏了公物，要主动承认并自觉赔偿。

◉ 注意搞好个人卫生

有些"不拘小节"的同学，总是不把个人卫生当回事，认为：那是我自己的事情，与别人有什么相干！这种态度是不对的，是否有良好的个人卫生习惯，也是自身修养好坏的重要指标之一。

首先，良好的个人卫生习惯有助于自身的身体健康；其次，寝室是一个小型的公共区域，个人的卫生习惯会直接、间接地影响整体的寝室卫生状况。为了大家的身体健康，每个人都要自觉养成良好的卫生习惯，共同创造一个干净整洁的生活、学习环境。

◉ 相互关心，团结友爱

在校住宿学习的学生，可能没有太多的生活经验。在这种情况下离开父母而投入集体生活，必然会遇到种种问题与困惑，甚至是麻烦。住在同一个寝室，大家就如同一家人一样，倘若同学间能够相互关爱，那么身处其中的每个人都会感受到如春风般温暖、和煦的爱，也会令家长更加放心。因此，在集体生活中互相关心是极其必要的。

当你生病时，如果你的室友为你端来一杯热水、送来一份热乎乎的饭菜，相信你内心一定会感受到一份别样的温暖。将心比心，相信你也一定知道该如何对待你的室友了。

◉ 重视公共卫生与安全

寝室内公共区域的清洁卫生，要自觉维护和主动打扫，常有同学抱怨说："我在家里都不打扫卫生，为什么到这里就要打扫！"这是一种非常错误的态度与行为，因为当我们身处一个集体中时，绝不能只顾自己的感受，要有全局观念、要懂得替他人着想、要懂得换位思考。

一般不随便去其他宿舍串门，尤其是异性宿舍，更不要随便把校外人员带入寝室，以免影响他人的学习和生活，也有利于公共安全的维护。

另外，还要注意用电、用火的安全，尤其不要违规使用各种电器，不要在室内点燃明火。

133

◉ 不要过分打听别人的隐私

生活在集体这个大家庭中，坦诚相待的确是友好相处的不二法宝，但这并不意味着一切都要完全透明化。每个人都有完全属于自己的私生活，这个领域是不容他人侵犯的。

有的同学出于善意的关心，有的同学则是由于好奇心的驱使，喜欢打听别人的隐私，无论是哪种情况，都是十分失礼的。并且，如果你无意中知道了别人的隐私（如父母离异、是非亲生或非婚生子女、家境如何等），而"事主"并不想将之公之于众的话，你就一定要管住自己的嘴巴，不要为了逞一时之快而伤害了他人，而且还会落个"大嘴巴"的恶名。果真如此的话，谁还敢和你做朋友呢?

一屋不扫，何以扫天下？

东汉时期，有个名叫陈蕃的少年，他很想干一番大事业，立志要"扫除天下"。可是，他独居一室而庭院荒芜，室内凌乱不堪。一日，他父亲的朋友薛勤到家中做客，看到此情景便问陈蕃道："你为什么不把家中收拾整洁以迎接宾客呢？"陈蕃回答说："大丈夫处世，当扫除天下，安事一屋？"薛勤当即反驳道："一屋不扫，何以扫天下？"

陈蕃胸怀大志而不愿做打扫清洁这样简单的事情，看似他是"弃燕雀之小志，慕鸿鹄以高翔"，是不屑而致，其实这不过是为懒惰找的一个堂皇的借口罢了。

一个志向高远的人，不仅要胸怀天下、学识渊博，同时还要有良好的修养。正处在成长期的青少年朋友，不仅要注重文化知识的学习，同时还要注重完善自身的日常举止修养。透过寝室这个小小的窗口，不难看出我们自身修养的高下。让我们每个人从现在做起、从我做起、从小事做起，不断完善自身的修养吧。

如何向室友表达你的不满？

在住宿生活中，与室友之间难免会出现各种磕磕碰碰：有人翻动了你的私人物品，有人总是影响你休息，有人不能自觉打扫公共卫生，有人破坏了你的劳动成果（刚刚打扫干净的卫生环境又被搞得一团糟）、有人损坏了你的物品……这时你该如何向他（她）表达你的不满，并请他（她）注意改正呢？

首先，不要胡乱发泄自己的不良情绪。有的同学在碰到令自己不愉快的事情时，不是直截了当地向触犯自己的对方寻求解决问题的方法，而是没头没脑地发火，令全寝室的人大为不快。这是极其错误的处理方式，让不良情绪影响无辜的人，是十分无礼而缺乏涵养的，应该针对有错的一方，单独解决你们之间的不快。

其次，要选择合适的场合，最好选择在只有你们两人在场时，不要在大庭广众之下谈及这些问题。因为，对方这么做很可能是无心的，但你若在很多人在场的情况下谈及这些问题一定会令对方难堪，而影响你们之间的相处。

最后，言辞要婉转、表达要清楚。太过直接地向对方讲出问题，语气难免带有苛责的味道，会令对方大失颜面，不利于问题的解决。但是也不要婉转到令对方觉得摸不着头脑，一定要清楚地表达出你的意见，让对方知道自己的错误所在。

134

校内公共场所的礼仪

☀ 在操场或礼堂举行活动时

集会在学校是经常举行的活动，一般在操场或礼堂举行，由于参加者人数众多，又是较为正规的场合，因此要格外注意集会中的礼仪。

◆举行升国旗仪式时

国旗是一个国家的象征，升降国旗是对青少年爱国主义教育的一种必要方式。无论中小学还是大学，都会定期举行升国旗仪式。

升旗时，全体学生应整齐列队，面向国旗，肃立致敬。当升国旗、奏国歌时，要立正、脱帽、行注目礼，直至升旗完毕。

升国旗是一项庄严的活动，一定要保持安静，切忌自由活动、嘻嘻哈哈或东张西望。神态要庄严，当五星红旗冉冉升起时，所有在场的人都应抬头注视。

◆在校内运动会上

学校每年都会为在校学生举办一次或两次运动会，这不仅可以增强学生加强体育锻炼的意识，同时也是学生为集体争得荣誉、增强集体观念的机会。作为学生应该积极参加，并在活动中积极与大家合作，服从集体的安排，检验自己的体质，为集体争光。

◆在大型校会上

每当遇到开学或是重要的活动，校方都会组织学生在礼堂等地召开大型的校会。在这样的场合下，同学们应遵循以下规范：

着装整齐、不迟到、不中途退场、认真听讲、不交头接耳、不走神、不随意接话茬儿。

◀无论身处何地，当我们看到国旗升起时，都应该保持肃立，以表示对祖国母亲的热爱之情

135

在图书馆里

在假期、周末或有空的时候，许多同学都喜欢到图书馆、阅览室去看书、学习。图书馆是公共学习场所，为了创造良好的学习环境，同学们都要自觉遵守馆规和社会公德。

当你在去图书馆时，一定要衣着整洁、遵守秩序。

进入图书馆时，不要拥挤，要依次排队、循序进入。进入阅览室后，不要为自己的同伴预占座位，也不要"霸占"暂时离开的读者的座位。

在图书馆里，走路脚步要轻，不要高声谈笑，尽量少说话；避免将座椅弄出声响；保持座位上的干净、整洁，不吃有果壳的食物。有些同学利用阅览室休息、打瞌睡，这样不仅占用了座位，也会影响周围的同学阅读，这种行为应该避免。

▲阅读可以不断完善自己

尤其值得注意的是，爱护图书应该是每个同学必须遵守的行为准则。图书馆的书籍是公共财产，绝不能为了个人方便而随意损毁。阅览时不要往书本上划线，不要折角，更不能撕页。看书之前最好洗一洗手，以保持书的整洁。看书时需要记住哪一段，可以抄录下来，也可经允许后复印，但绝不能撕下。

另外，在阅览室看书时，应一本一本地取下来看，不要同时占用几份书刊。阅读后要及时将书籍放回原处，以便他人阅读。

借阅图书要及时归还，以便于其他人借阅。有的同学借到了心爱的书籍后，不仅爱不释手、迟迟不还，甚至还会将其据为己有，这是缺乏社会公德的表现。

▼图书馆、阅览室，是我们"充电"最理想的场所

● 在食堂用餐时

在食堂用餐时要遵守秩序、排队礼让、不乱拥挤。

吃饭过程中，不高声喧哗、不大声说笑、不说低级趣味影响食欲的话，以免影响他人用餐。

另外还要特别注意的是，要爱惜粮食，不随意倾倒饭菜。

● 如厕时

每到课间，都是厕所最"繁忙"的时候，此时不起眼的如厕也有要注意的事情，如以下几方面。

遵守秩序，不要拥挤，不要插队；

注意不要将排泄物弄到便池以外；

将厕纸放到指定位置，不要随意丢进便池以免堵塞，给后面的人带来不便；

动作要迅速，节约时间，给后面的同学提供方便。

守秩序的列宁

十月革命后，苏联领袖列宁一直日理万机，简直是"全世界最忙碌的人"，但他仍坚持到理发馆去理发。

有一次，他到理发馆去理发，那里已经等候着许多人了，列宁便问谁是最后来的一位。人们都知道列宁的时间极其宝贵，于是争着请列宁先理发。列宁却回答："谢谢同志们，但这是要不得的，应该按班次、守秩序。我们自己制定的法律，应该在一切琐碎的生活里去遵守它。"说完就找了个椅子坐下来，边看报纸边等候。

毫无疑问，列宁的精神是值得我们学习的。为什么要提倡人人都遵守公共秩序呢？公共秩序代表着大家共同的利益、共同的意愿，遵守公共秩序是对集体的尊重，也是对自己的尊重。公共秩序是人们在长期的社会生活中逐步形成和完善起来的，人人遵守，人人都方便。一个人的行为好坏，直接影响到他人和集体。如果你对别人、对社会不负责任，不遵守公共秩序，就会使许多人受到损害，造成不良影响，像俗语说的"一条鱼腥了一锅汤"。

▼列宁不讲特权依照制度行事的做法值得后人学习

138

就餐礼仪

礼貌是儿童与青年应该特别小心养成习惯的第一件大事。

——约翰·洛克

餐前、餐中、餐后的礼仪

🔸 餐前礼仪

◆ 如果是亲朋好友相约在外就餐，应准时到达，迟到不仅是对其他人的不尊重，也令自己显得缺乏教养。

若是在自己或亲友家中就餐，那你最好在餐前给"厨师"帮帮忙，哪怕是帮忙摆摆碗筷、端端菜也好，既显示出了你的热诚，也会令彼此更亲近。

◆ 不要带着你的宠物出外就餐。餐厅是公共场所，宠物的进入无疑会令其他食客感到不悦或不便。因此，在准备外出就餐时，先将宠物安排好。

◆ 在外就餐或到亲友家中做客时，穿着要得体，并要随时检查自己的仪容仪表及个人卫生。

◆ 无论是在家中还是在外就餐，如果还有长辈和女士没有入座时，自己不要急于就座。

▲ 到亲友家做客时，餐前给"厨师"帮帮忙，既锻炼了生活技能，又增进了与亲朋间的情感交流

◆ 入座后，在宴会开始之前，可以适当地参加一些餐桌上的讨论，但此时要切记，万不可高谈阔论，用一场口沫横飞的"暴风雨"席卷和你同席的其他客人。

◆ 当你入座后，在还没有开始就餐之前，不能乱动桌上的餐具，这样会给其他人留下不懂礼貌和不讲卫生的印象。

◆ 当你需要搬动椅子时，要注意轻拿轻放。

◆ 当有陌生人同席，他向你做自我介绍，或是朋友向你介绍其他同席的陌生人时，要主动起立并与之打招呼，以示友好。

🔸 餐桌上的礼仪

◆点菜的礼仪

如果你是聚餐会上的主人，客人入席后，要先请客人点菜。

点菜既要突出本地、本店的特色，又要照顾到主宾的口味、喜好。这一切在让菜时都可以表达出来，如主人说："这个菜，您一定喜欢，请多用一点！"客人心领神会，会格外高兴。

如果是男士、女士一起就餐，男士应该让女士先点菜。

如果你是被邀请的客人，点菜时不要只顾自己的喜好，除非是非常相熟的亲友或是特定的场合，否则还要注意不要点过于昂贵的菜品，以免给主人带来经济压力，也使你显得过于铺张。

▲良好的就餐气氛不仅有利于身体健康，更有利于家人间的和睦相处

◆ **营造餐桌上的愉悦气氛**

餐会开始后，要积极响应朋友的话题，适恰地感谢主人的热情招待，使餐桌上很快形成一种其乐融融的气氛，这更有助于朋友之间的交流与沟通。

◆ **优雅的举止**

坐在自己的餐位上时，坐姿要端正，不要两腿不断摇摆、更不要跷起二郎

在重大场合中，餐桌该怎样摆放？

在一些重要场合，餐桌的摆放要合乎一定的礼仪要求，当然其具体摆放还要由宴会厅的场地条件而定，但总体来讲，各类宴会餐桌摆放与座位安排都要整齐统一，椅背达到纵横成行，台布折纹要向着同一个方向，所有细节都应给人以美的感受。

◆ 桌次

在宴会上，桌次是一个不可忽视的问题。按习惯，桌次的高低以离主桌位置的远近而定，一般右高左低。桌数较多时，要摆桌次牌。宴会可用圆桌、方桌或长桌。一桌以上的宴会，桌子之间的距离要适中，各个座位之间的距离要相等。团体宴请中，宴桌排列一般以最前面的或居中的桌子为主桌。

◆ 座位

按现代的礼仪规定，吃饭的座次是面朝大门为尊，以在主人身边的右侧为尊，并以靠近主人远近来决定尊卑。如果不正对大门，则面东的一侧右席为首席。具体来讲，坐在正对大门的为主人，右手边依次为1，3，5，7……左手边依次为2，4，6……直至汇合。

如果是家宴，则坐在首席的应是辈分最高的长者，坐在末席的是辈分最低的小辈。

腿、伸懒腰等。

另外，在餐厅用餐时，你对服务员的态度也很重要，同样要做到有礼有节。有的人习惯于对服务员呼来喝去，态度非常粗鲁，这也是不尊重他人、缺乏教养的一种举动。当服务员服务不周或出现错误时，你可以礼貌地指出来，但出言不逊是绝对应该避免的。时刻保持优雅的举止是有着良好的修养基本表现。

◆良好的用餐习惯

平日里，我们就要养成良好的用餐习惯，这不仅有助于我们的身体健康，也有助于我们通过这一过程与他人更进一步地交流与沟通。

● 在我国古代，有"食不言"的训诫，但在社交功能日益复杂化的今天，这一训诫有时就变得不合时宜了。当我们参加一些聚餐时，在进餐过程中，通常不要缄默无语、行为过于拘谨，但也不能喋喋不休、高声喧哗、毫无顾忌。而应适当地选择一些彼此感兴趣的话题与同坐的人聊天。如果是在家中用餐，青少年朋友也可以趁着这个时候和父母谈谈在校的生活，增进与父母间的沟通。

● 用餐过程中，不要将餐具弄出声响，更不要在咀嚼食物时嘴巴发出大的声响，这都是十分失礼的。而且，口含食物时最好不要与别人交谈，以免口中食物喷出来或者呛入气管，造成危险。

● 夹菜的时候，注意不要用筷子在盘中翻来倒去，显得旁若无人，欠雅观并会令你显得缺乏教养。

当你发现自己喜欢吃的菜离你较远时，不要伸长了胳膊去夹菜，正确的办法是沿顺时针方向旋转餐桌，从盘子最靠近你的一侧夹菜；如果餐桌是不能旋转的，那要等服务员来布菜，或是请靠近那道菜品的人帮忙夹菜。

转动餐桌时的注意事项 ↲

在就餐过程中，如果你想转动圆桌取用离你较远的菜品时，一定要先观察一下，是否有人正在夹菜，如果有的话，一定要等他夹完菜之后再去转动桌子。千万不可只顾自己的需求而忽略了他人，那样不仅会令他人尴尬，也会令你在餐桌上风度尽失。

● 不要碰到邻座，不要把盘里的菜拨到桌子上，不要把汤泼翻，不要将菜汤滴到桌子上。当感觉嘴角沾有饭菜时，要用餐纸或餐巾轻轻抹去，不要用舌头去舔。当你吃带刺或骨的菜肴时，不要直接外吐，可用餐巾捂嘴轻轻吐在里面。

● 无论是家宴、喜宴还是自助餐等，在任何情况下都要注意不要浪费。取菜时，分量要适中，即使是你最喜欢的食物也不要过量。

▲ 优美的就餐环境，完美的就餐礼仪，会使就餐者身心愉悦

● 在用餐过程中，如确有事需离开，应向一同用餐的家人、朋友打招呼，讲明原因后再行离开。

● 在进餐过程中，不要当众解开纽扣脱衣服，如果确有需要，那么可以将外衣脱下来搭在椅背上，但是一定不要将外衣或随身携带的物品放在餐台上。

● 同时，还要请你克制一些不良的小动作，比如：边听别人讲话边剔牙、吃得过饱时松解皮带扣、在座位下偷偷脱掉鞋子……这些不雅的小动作会直接影响到你在别人眼中的"光辉形象"。

使用筷子的禁忌

　　在吃中餐的时候，不仅要将筷子运用熟练才能吃饱，而且要注意使用筷子的礼仪，才能令自己更显风度。

　　◆ 在等待就餐时，不能拿筷子随意敲打。

　　◆ 在餐前发放筷子时，要把筷子一双双理顺，然后轻轻地放在每个人的餐位上；相距较远时，可以请人递过去，不能随手掷在桌上。

　　◆ 筷子不能一横一竖交叉摆放。筷子要摆放在碗的旁边，不能搁在碗上。

　　◆ 在用餐过程中因故暂时离开时，要把筷子轻轻搁在桌子上或餐碟边，不能插在饭碗里。

　　◆ 在夹菜时，不要用筷子在菜盘里搅来搅去，上下乱翻；遇到别人也来夹菜时，要注意避让，谨防"筷子打架"。

　　◆ 说话时，不要把筷子当作道具在餐桌上乱舞，也不要在请别人用菜时，把筷子戳到别人面前。

生日吃面条的来历

中国人过生日有吃面条的习俗，面条又被称为"长寿面"。关于生日吃面条有这样一个传说：

有一回汉武帝过生日，御厨为了推陈出新，绞尽脑汁，做了一桌面条，每人一碗请大家吃。

汉武帝一看，好生不悦，心想：我贵为天子，过生日就请大家吃这么不值钱的面条吗？他一不高兴，脸就拉得很长。

御厨一见，吓得脸都青了，不知如何是好。

有个大臣叫东方朔，他见汉武帝龙颜不悦，又可怜御厨处境不妙，灵机一动，笑着对汉武帝作了一个揖，高叫："恭喜万岁，贺喜万岁！"

汉武帝把筷子一顿，瞪了他一眼，气呼呼地说："有什么可喜可贺的？"

东方朔不慌不忙地说："万岁有所不知，上古时代的寿星彭祖之所以能活到八百岁，就是因为他的脸面长呀！万岁请看这碗里的面，又细又长，比彭祖的脸面不知要长多少倍呢！今日御厨以面条为万岁贺寿，其意就是在祝福万岁要比彭祖还长寿，万寿无疆啊！"

汉武帝听惯了奉承话，经东方朔这么一说，当即回嗔作喜，捧起面条高兴地吃起来，还喜悦地对大家说："好吃好吃，众卿快吃长寿面呀，吃了大家都长寿！"

就这样，那面条经东方朔的巧舌一转，顿时就成了一种长寿的象征。后来，百官过生日也都吃面条。这习俗又从官府传到民间，流传至今。

吃面条也有礼仪 🌱

吃面条最方便的方法是用筷子，但动作一定要轻，防止面条带着汤乱溅。吃细长的面条时，假如你要坚持"正统"的吃法，就要用筷子卷绕面条，但不宜太多，卷四五条便可。卷绕时要慢，让所有的面条结实地卷绕在筷子上后将它送入嘴里。

第一次尝试这种吃面方式时，可能会有很多面条从筷子上滑下，卷绕时也可能会溜失不少面条。有时即使是个中高手也难免会有失误，而必须费劲将滑溜而出的面条吸入口中，因而发出嘶嘶的响声。不过，任何事情都一样，熟能生巧。

144

▼牙签能给大家提供便利，可也会令人有失雅态哦

餐后礼仪

◆ 在饭店

用餐完毕，要轻轻放下碗筷，用餐纸或餐巾将口唇部擦拭干净，离开座位时动作要轻，并要及时与主人打招呼，表示谢意。

有的人在餐后习惯剔牙，这个动作甚不雅观，应尽量避免。如果牙缝中塞进了食物碎屑，实在有剔牙的必要，那就要注意动作不要太显著。当然，去卫生间将这个问题处理好是最好的方式，以免自己的动作令周围的朋友不悦。

◆ 在亲朋好友家做客

就餐完毕后，不要马上就离座，待主人离座时再离开。如有需要最好帮助主人收拾一下餐桌和厨房，以减少到访给对方带来的麻烦。

如非特殊情况，餐后马上离开是十分失礼的。通常，应在餐后将先前未完的话题做个结尾，然后再适时地离开，但这个"结尾"要把握分寸，时间不宜过长，以免打扰主人正常的学习、工作或是休息。

◆ 家庭就餐

在自己家里吃饭时，同样不应饭后推开饭碗就离桌而去，也应该向家人尤其是长辈打个招呼再离座。并应该帮助家人做些力所能及的事情，如洗碗、收拾厨房、清理餐桌等。

现在，很多青少年朋友的课业负担比较重，对此家长也都给予了最大限度的理解和支持，通常会说：你太累了，抓紧时间学习（休息）去吧，家务事用不着你。这自是对孩子无微不至的关爱，可同时也令一些孩子的劳动观念变得淡薄，不懂得疼惜父母、关爱家人，少了一颗感恩的心。

青少年朋友，作为子女你是否想过你的父母亲在工作忙碌了一天后，回家还要照顾你的起居、饮食有多么辛苦吗？你又是否想过，他们要承担多少工作、生活、经济、心理上的压力。如果你已经想到了这些，相信你该知道如何去对待他们；如果你从未想到过这些，请你也仔细观察一下他们每天的生活，相信你一定能做出正确的判断。

也许你能够做的只是洗洗碗、打扫清洁这些微不足道的小事情，但你对父母关爱、感恩的心意却会从中彰显无余。正是这些点滴小事，显示出了你的日益成长与成熟，会令你的父母倍感欣慰。

● 结账的礼仪

当服务人员送来账单，你查对无误准备付账时，要把钱放在结账的夹子里，再用账单将钱盖住。这样做的用意，主要在于不使客人看到你所付的金额，以免引起对方的尴尬。

我们常常看到一种景象，当餐桌主人掏出钱来付账时，客人喜欢问："多少钱呀？"仿佛很想确定主人究竟付了多少钱，自己才安心。

其实这种好奇心是十分不礼貌的，主人请客花的钱多、钱少，代表了他个人的心意，客人如果对此好奇，反而令主人有不知所措之感。

总而言之，我们在餐厅用完餐后，服务人员送来账单如表示"哪一位结账？"即意味着除主人之外，不愿让其他人过目账单。因此，客人一般不看账单，不问付账的金额，这是餐桌上最基本的礼貌。

礼仪故事

菜单的故事

菜单，顾名思义，就是一份详细的、带价目表的菜肴清单。但起初菜单并不是为了向客人说明菜肴的内容及价格而制作的，而是厨师为了备忘而写的单子，英文为 menu。

现在，法国菜已被认为是西餐中具有代表性的菜肴。但在 16 世纪初期，即使是法国宫廷菜肴也是很粗劣的。据说，在 1533 年，意大利姑娘卡德乌诺嫁给法国国王昂里二世，她从佛罗伦萨带来了厨师作为陪嫁，从此法国宫廷菜肴才逐步得到改善。法国厨师为了记住这些意大利菜肴的烹制方法及材料，将它们一一记录下来，这就是菜单的雏形。而这些记录真正作为菜单出现，已是 16 世纪末期的事情。

1594 年，布伦斯维克侯爵在私人宅第举行晚宴时，每送上一道菜，侯爵都要看看桌上的单子，当客人知道他看的是今天的菜单时，十分欣赏这种创举。之后，大家都争相仿效，凡在举行宴会时，都要预先制作菜单，菜单便真正出现了。

怎样吃才健康？

◆ 运动后别吃荤

我们经常会做一些户外运动，做完运动后会感到疲乏，其主要原因是体内的糖、脂肪、蛋白质被大量分解，产生乳酸等酸性物质，此时若单纯食用富含酸性物质的肉、鱼等，会使体液更加酸性化，不利于疲劳的解除，但食用蔬菜、甘薯、苹果之类的碱性食物就能尽快解除疲劳。

◆ 腹泻时别吃蒜

腹泻时肠腔已处于"过饱和"状态，如果此时进食大蒜等辛辣食品，则可能加重对肠壁的刺激，促使肠壁血管进一步充血水肿，从而加重腹泻。所以，急性腹泻不宜吃大蒜，尤其是生蒜。吃大蒜可以杀菌防腹泻，但应该在未病之时服用，方可显其功效。

◆ 盐的摄入量

人体对钠的安全摄入量为 1 000～2 500 毫克，盐中含 40% 的钠，也就是说每日只能摄入 2.5~6 克的食盐，因此世界卫生组织（WHO）建议，盐的每日摄入量应控制在 6 克以下。那么，如何计算家庭中盐的摄入量呢？最简单的方法：以三口之家为例，每人每天摄入 6 克盐，3 个人一共 18 克，一袋市售碘盐为 500 克，那么这家人就应该在一个月以上的时间消耗一袋盐。

◆ 糖与健康

英国曾对 1 万多名成年人进行过试验，他们把实验者分成 5 组，第 1 组糖的摄入量最低，而第 5 组糖的摄入量最高。结果表明，糖的摄入量与肥胖率成反比，即摄入糖量多的组肥胖发生率较少。因而得出结论：食物中的脂肪（而不是糖）是引起肥胖的主要原因。

很多爱美的女性都怕吃糖会导致肥胖而谈糖色变，其实高脂肪食物比高糖食物致肥的作用更大。而且如果糖的摄入量太少，还会由糖的摄入不足而引发身体不适。所以，人体每天应该有足够的糖的摄入，一般控制在每天 20 克以下。

◆ 慎食味精

味精的每天摄入量不应超过 6 克，过多摄入味精可造成短期头痛、心跳、恶心等症状，对生殖系统也有影响。

此外，什么时候放味精也有些学问。味精发挥调味作用需要适合的温度，温度低不溶化时难以调味。因此，拌凉菜时直接加入味精不行，必须先用 70 ℃以上温开水溶化后再加入。炒菜或油煎食品温度过高超过 120 ℃时，谷氨酸钠会变成焦谷氨酸钠，不仅无鲜味可言还会有毒性，所以最好在出锅前加入味精。

西餐礼仪

随着我国经济水平的不断提高及国际交往的日益频繁，西餐不再是我们生活中的奢侈品，与家人、好友一道享受一顿美味的西餐已经是越来越平常的事情，但由于中西文化的差异，在较正式的西餐餐饮中，有些礼仪还是要注意的。下面我们就将一些基本的西餐礼仪整理如下，以供大家参考。

● 入餐礼仪

进入西餐厅后，请让侍应生带领入座。一方面，这是侍应生对你的尊重，也是其应尽的基本职责；另一方面，也许有些座位已经被提前预订了，不便让客人随意就座。

最得体的入座方式是从左侧入座。当椅子被拉开后，身体在几乎要碰到桌子的距离时站直，领位者会把椅子推进来，腿弯碰到后面的椅子时，就可以坐下来。

就座后，手肘不要放在桌面上，不可跷腿。尽量不要在进餐中途退席，如有事确需离开，应向左右的客人小声打招呼。

● 餐具的使用方法

◆ 餐巾布的使用法

西餐餐巾一般用布，餐巾布方正平整、色彩素雅。经常放在膝上，在隆重的场合也可以放在胸前，平时的轻松场合还可以放在桌上，其中一个餐巾角正对胸前，并用碗碟压住。餐巾布可以用来擦嘴或擦手，对角线叠成三角形状，或平行叠成长方形状，污渍应全部擦在里面，外表看上去一直是整洁的。

离开席位时，即使是暂时离开，也应该取下餐巾布随意叠成方块或三角形放在盘侧或桌角，最好放在自己的座位上。

在用餐过程中，千万要注意不要有如下失礼之举。

离席时将餐巾布丢落在地上；

将餐巾布用得污迹斑斑或是皱皱巴巴；

将吃剩的食物放到餐巾布上；

用餐巾布擦桌子。

◆ 刀、叉、汤匙的摆放法

刀、叉、汤匙的摆放是根据上菜先后顺序从外到内摆放。

有的菜用过后，会撤掉一部分餐具，因此餐具的摆放方向和位置都是很有讲究的。

刀、叉放在垫盘上呈八字形，刀口朝内，叉尖向下就表示你还要继续用餐；刀叉平行摆放在垫盘上，刀口向外，叉尖向上则表示你已经用完餐了；汤匙横放在汤盘内，匙心向上，表示用汤完毕，餐具可以撤走。

◆ 刀怎样拿

刀是用来切割食物的，不要用刀挑起食物往嘴里送。记住：右手拿刀。

如果用餐时有三种不同规格的刀同时出现，一般正确的用法：用带小锯齿的那一把来切肉制食品；用中等大小的将大片的蔬菜切成小片；而那种小巧的、刀尖是圆头的、顶部有些上翘的小刀，则是用来切开小面包，然后用它挑些果酱、奶油涂在面包上面的。

◆ 叉怎样使

通常是左手拿叉，叉起食物送入口中，动作要轻。叉起适量的食物一次性放入口中，不要一下子叉起一大块，咬一口再放下，这样很不雅观。叉子入口时，牙齿只碰到食物，不要咬叉。不要让刀、叉在嘴里或盘中发出声响。

◆ 勺子怎样用

在正式场合下，勺子有很多种：小的是用于喝咖啡和食用甜点的；扁平的用于涂黄油和分食蛋糕；比较大的用来喝汤或盛碎小食物；最大的是公用于分食汤的，常见于自助餐，切莫搞错。

▲优雅的姿态令用餐更加愉快

149

◉ 西餐上菜的顺序与点菜

◆ 头盘

西餐的第一道菜是头盘，也称为"开胃品"。开胃品一般有冷头盘或热头盘之分，常见的品种有鱼子酱、鹅肝酱、熏鲑鱼、鸡尾杯、奶油鸡酥盒、焗蜗牛等。因为是要开胃，所以开胃品一般都具有特色风味，味道以咸和酸为主，而且数量较少、质量较高。

◆ 汤

与中餐有极大不同的是，西餐的第二道菜就是汤。西餐的汤大致可分为清汤、奶油汤、蔬菜汤和冷汤四类。品种有牛尾清汤、各式奶油汤、海鲜汤、美式蛤蜊汤、意式蔬菜汤、俄式罗宋汤、法式葱头汤，冷汤的品种较少，有德式冷汤、俄式冷汤等。

◆ 副菜

鱼类菜肴一般作为西餐的第三道菜，也称为"副菜"。品种包括各种淡（海）水鱼类、贝类及软体动物类。通常水产类菜肴与蛋类、面包类、酥盒菜肴品均称为副菜。因为鱼类等菜肴的肉质鲜嫩，比较容易消化，所以放在肉类菜肴的前面，叫法上也和以肉类菜肴为主的主菜有区别。西餐吃鱼类菜肴通常会使用专用的调味汁，如：鞑靼汁、荷兰汁、酒店汁、白奶油汁、大主教汁、美国汁和水手鱼汁等。

◆ 主菜

肉、禽类菜肴是西餐的第四道菜，也称为"主菜"。肉类菜肴的原料取自牛、羊、猪等各个部位的肉，其中最有代表性的是牛肉或牛排。牛排按其部位又可分为沙朗牛排（也称西冷牛排）、腓力牛排、T骨牛排、薄牛排等。其烹调方法常用烤、煎、铁扒等。肉类菜肴配用的调味汁主要有西班牙汁、浓烧汁精、蘑菇汁、白尼斯汁等。

禽类菜肴的原料取自鸡、鸭、鹅，通常将兔肉和鹿肉等也归入禽类菜肴。禽类菜肴品种最多的是鸡，有山鸡、火鸡、竹鸡，可煮、可炸、可烤、可焖，主要的调味汁有黄肉汁、咖喱汁、奶油汁等。

◆ 蔬菜类菜肴

蔬菜类菜肴可以安排在肉类菜肴之后，也可以与肉类菜肴同时上桌，所以可以算为一道菜，或称之为一种配菜。

蔬菜类菜肴在西餐中称为"沙拉"，与主菜同时上桌的沙拉称为"生蔬菜沙拉"，一般用生菜、西红柿、黄瓜、莴笋等制作。沙拉的主要调味汁有醋油汁、法国汁、干岛汁、奶酪沙拉汁等。

沙拉除了蔬菜类，还有一类是用鱼、肉、蛋类制作的，这类沙拉一般不加味汁，在进餐顺序上可以作为头盘食用。

还有一些蔬菜是熟食的，如花椰菜、煮菠菜、炸土豆条等。熟食的蔬菜通常是与主菜的肉食类菜肴一同摆放在餐盘中上桌，称之为配菜。

◆ 甜品

西餐的甜品是在主菜后食用的，可以算作是第六道菜。从真正意义上讲，它包括所有主菜后的食物，如布丁、煎饼、冰激凌、奶酪、水果等。

◆ 咖啡、茶

在吃西餐时最后上饮品，通常是咖啡或茶。在西餐中，咖啡一般要加糖和淡奶油，茶一般要加香桃片和糖。当然，饮食也会入乡随俗，在西餐厅中，这些"配料"通常是提供给食客，供其选用的。

◉ 享受西餐时的注意事项

◆注意个人仪态

其实，不仅是在西餐厅中，在任何场合下都应注意自己的仪容仪表，在愉悦他人视觉的同时，更重要的是自身良好修养的一种外在表现。要衣着整洁、坐姿端正。尤其要注意的是，双手一定要保持干净，指甲修剪整齐，不可在餐桌边化妆，不要用餐巾擦鼻涕，切忌在妙语连珠的时候不自觉地挥舞刀叉。

◆吃面包与喝汤时

吃面包时要一手拿面包，一手撕下一小块放入口中，不要拿着整个面包咬。

喝汤时汤匙要横拿，舀汤的方式多采用英式，由内往外舀（由外往内舀是法式），不要把汤匙很重地一掏到底。舀起后，汤匙的底部先在汤碗的边缘轻擦一下，再送至嘴里。

◆吃主菜时

在西餐中，主菜通常是各种肉类，而且其烹饪的熟度也会有所分别，以牛排为例，有三分熟、五分熟、七分熟、九分熟等，因此你在点餐时就要依照自己的口味和饮食习惯，向侍者交代清楚，以免主菜上来了你却无法消受。

在食用大块肉制品时，要注意：不要一下子将整块肉都切成小块，首先，这样会令肉较快地冷却下来，影响后续的食用；其次，也会让其中美味的汤汁流失而影响口感。切肉时，最好从左向右一块块切食，不仅顺手而且动作优美，可将美味享受到最后一口。

在食用鱼类食物时，由于鱼肉极嫩易碎，因此餐厅常不备餐刀而备专用的汤匙。这种汤匙比一般喝汤用的稍大而且较平，不但可切分菜肴，还能将菜和调味汁一起舀起来吃。若要吃其他混合的青菜类食物，还是使用叉子为宜。

处理鱼骨头时，先用刀在鱼鳃附近刺一条直线，刀尖不要刺透，刺入一半即可。将鱼的上半身挑开后，从头开始，将刀放在骨头下方，往鱼尾方向划开，把骨剔掉并挪到盘子的一角，再把鱼尾切掉。

另外，值得注意的是如果没有特别的禁忌，最好将主菜中点缀的青菜一并吃掉，这样做不仅是为了减少浪费，也是为了使营养更加均衡。

礼仪故事

希特勒与中国使节

在希特勒举行的一次宴会上，一位中国使节按照在国内进西餐的习惯，用餐巾去揩拭刀叉。殊不知，在西方这种做法是极不礼貌的，仿佛是责备刀叉不干净。希特勒见状，同样不明就里，尴尬之下立即命令侍者将全体客人的餐具一律重新换过，那位中国使节见状，同样倍感尴尬、窘迫难堪。

不懂西餐礼仪的李鸿章

在清朝时，有一次外交大臣李鸿章应德国首相俾斯麦之邀出使德国。

在一次赴宴中，由于李鸿章不懂西餐礼仪，他把一碗吃水果后洗手用的水端起来喝掉了。当时，俾斯麦并不了解中国虚实，为了不使李鸿章难堪，他便也将洗手水一饮而尽，见此情形，其他陪同官员只得忍笑奉陪。今天东西方人民之间的交往愈益频繁，了解餐桌上的礼仪也是十分必要的。

▼餐巾有时可以起到暗示作用

餐巾可以暗示宴会的开始和结束 ↘

在西式宴会中，餐巾是一个重要的道具，有很多信号的作用。

当主人把餐巾铺在腿上时，表示宴会开始，这是餐巾的第一个作用。当主人把餐巾放在桌子上时，表示宴会结束。

餐巾要叠成长条形或者叠成三角形铺在腿上，避免吃饭时菜肴、汤汁把裙子或裤子弄脏了。